Radiestesia

Radiestesia

Brian Stroud

© 2017, Brian Stroud

© 2017, Redbook Ediciones, s. l., Barcelona

Diseño de cubierta: Regina Richling
Diseño interior: Amanda Martínez

ISBN: 978-84-9917-441-9

Depósito legal: B-2.981-2017

Impreso por Sagrafic, Plaza Urquinaona 14, 7º-3ª 08010 Barcelona

Impreso en España - *Printed in Spain*

«Cualquier forma de reproducción, distribución, comunicación pública o transformación de esta obra solo puede ser realizada con la autorización de sus titulares, salvo excepción prevista por la ley. Diríjase a CEDRO (Centro Español de Derechos Reprográficos, www.cedro.org) si necesita fotocopiar o escanear algún fragmento de esta obra.»

"El arte de prospección lo lleva el hombre en su naturaleza, por mucho que algunos se empeñen en atribuirlo a la vara."

Balthazar Russler, zahorí del siglo XVII

Índice

Introducción 13

Una mirada a la historia 19
En el Imperio chino 21
En tierra de faraones 22
La Biblia 23
Grecia 24
Todos los caminos conducen a Roma 25
De la Edad Media hasta nuestros días 26
El importante papel del abate Bouly 29
El caso del abate Mermet 31
El aristócrata de la radiestesia:
Henry de France 32
Otros radiestesistas famosos 33

Teorías radistésicas 37
La teoría física 40
La teoría mentalista 43

Los instrumentos de trabajo 45
Las varillas 47
El péndulo 49
Las horquillas 54
El aurámetro 54
Instrumentos de verificación 55

La práctica de la radiestesia 57
Cómo llegar a ser un buen radiestesista 59
Cómo conseguir un estado
de neutralidad total 65
Desarrollar un sexto sentido 72
El contacto con el péndulo o las varillas 76
Ejercicios con el péndulo 82
Convención sobre el movimiento del péndulo .. 84
Detectar la presencia de agua 85
Método de triangulación 86
Evaluar la profundidad y calidad del agua 88
Otros instrumentos de investigaciones 89

Aplicaciones de la radiestesia 93
Ética en la búsqueda radiestésica 96
Conocer distintas personalidades 99
Búsqueda de goteras 102
Búsqueda de agua 103

Búsqueda de minerales 105
Encontrar personas 105
Encontrar animales perdidos 106
Otras aplicaciones 107
Las claves para ser un buen radiestesista 124

Bibliografía 129

Introducción

El arte de la radiestesia consiste en algo tan sencillo como buscar algo con la ayuda de un sencillo instrumento manual, como una rama en forma de horquilla o un objeto oscilante suspendido por un cordel.

¿Qué busca un radiestesista?: Puede ser una corriente subterránea de agua, una bolsa de petróleo o una veta de mineral, una tubería, un cable eléctrico enterrado, una cartera o un perro perdido, alguien que ha desaparecido, etc.

La mayoría de personas, cuando se les habla del trabajo de un zahorí, reaccionan con una mueca de escepticismo. Y es que la radiestesia forma parte de un grupo de facultades mentales etiquetadas como «poderes psíquicos».

La radiestesia está al alcance de cualquier persona, siempre que tenga un espíritu abierto y no haya levantado ante sí un muro de prejuicios. Cuando oímos hablar de un zahorí nos viene a la mente la imagen de un campesino paseando por el campo con una vara en forma de horquilla en las manos buscando un lugar en el que excavar para alumbrar un pozo de agua. Si la vara se inclina hacia abajo y apunta al suelo, el zahorí sabe  por su experiencia que una perforación allí tendrá éxito. Esto da a suponer que los efectos de una corriente de agua en aquel punto, aunque discurra a decenas de metros bajo el suelo, influyen de algún modo sobre el zahorí, sobre la horquilla que maneja o sobre ambos a la vez.

Luego, el zahorí aprende que puede evitarse muchas caminatas situándose en un ángulo del terreno que se dispone a examinar, y determinando desde allí la dirección en que pudiera hallarse el lugar adecuado para un pozo; luego no tiene más que confirmar esa dirección, pasar por encima de la vena de agua y confirmar lo que previamente ha detectado a distancia.

En la radiestesia a distancia pueden emplearse los métodos de triangulación, determinando desde puntos separados dos direcciones que, al interseccionar, forman un triángulo señalando el lugar que se busca.

De esa imagen del zahorí que parecía implicar cierta percepción físicamente de lo escondido bajo tierra se ha pasado hoy en día a un proceso mental puramente abstracto. Los hay que rechazan de plano que el movimiento de la vara lo causen sus músculos, y mantienen tenazmente que se trata de una fuerza misteriosa externa que la mueve. Otros disienten y lo invalidan alegando la existencia de personas especialmente sensibles que, sin necesidad de ningún instrumento, son capaces de captar directamente cambios fisiológicos en sus manos, pies, estómago, garganta y otros órganos de su cuerpo. Los defensores de una fuerza oculta suelen decir que esta brota del suelo y afecta a la vara cuando se encuentra encima del objeto buscado. Hay que señalar que, de existir esas fuerzas en juego, deben estar relacionadas con la actitud mental del operador.

La radiestesia es pues, una herramienta mental que emplea la intuición basada en el análisis. Es un instrumento útil porque encaja exactamente en la difícil brecha existente entre las herramientas racionales de la lógica, el análisis y método científico, y las herramientas sensibles de la imaginación, la intuición y el significado subjetivo. Como todas las herramientas, la radiestesia tiene un propósito: un conjunto de aplicaciones mentales que le ayudarán a resolver múltiples problemas.

Pero la radiestesia no es una panacea para todos los males del mundo ni tampoco es infalible, pero si se utiliza de modo inteligente verá qué útil puede resultar.

Una mirada a la historia

La radiestesia es una disciplina muy antigua, conocida antaño como rabdomancia -palabra cuyas raíces serían *rabdos* (vara) y *manteia* (adivinación)- que consistía en la ubicación de corrientes de agua, pozos subterráneos y yacimientos de minerales.

Se trata de una disciplina que se conoce desde hace miles de años, lo cual queda demostrado en diversos restos arqueológicos encontrados en:

❏ El Valle de los Reyes, en Egipto, se han encontrado varillas y péndulos.

❏ En China se hallaron grabados que muestran al emperador Yu, de la Dinastía Hsia, que gobernó entre 2205 y 2197 a.C., manejando varillas de dos ramas.

❏ En Babilonia, Etruria y el Imperio romano se han encontrado documentos que evidencian el uso de la radiestesia para la búsqueda de oro, agua y en «adivinación».

En el Imperio chino

El arte del zahorí existe desde los tiempos más remotos. Los chinos, por ejemplo, llegaron a ser grandes expertos en las investigaciones concernientes al subsuelo: fuentes, yacimientos de minerales, etc. Utilizaban una varilla en forma de horquilla compuesta por dos brazos largos sostenidos por sendos operadores.

Hace más de 4.000 años, los chinos utilizaban la varilla para encontrar yacimientos de minerales y aguas subterráneas, y que servían para decidir dónde construir cualquier edificación. No en vano, el milenario arte del feng shui incluye, entre otras cosas, la elección de los lugares más propicios para vivir en armonía con la naturaleza. La persona encargada de determinar el lugar y la orientación más propicia era el geomante. Hasta nuestros días ha llegado el nombre de un emperador llamado Yu, en la dinastía Hsia, que era conocido por sus artes radiestésicas. Yu era alabado por su conocimiento en la ciencia de hallar yacimientos mineros y fuentes de agua. Era capaz de detectar objetos escondidos en cualquier estación del año. Este hombre era capaz de determinar la energía del lugar donde se pensaba edificar y que no estuviera afectado por el posible ataque de enfermedades.

Al respecto, se conserva un grabado chino fechado en el año 147 a.C. que muestra al emperador Yu sosteniendo en su mano un instrumento en forma de diapasón. La leyenda del grabado no deja lugar a dudas sobre la utilidad de este instrumento.

En tierra de faraones

Los sacerdotes y los egipcios notables de la época de los faraones eran muy aficionados a la radiestesia, que era considerada una ciencia sagrada y secreta. El faraón

Seti I, por ejemplo, fue un gran radiestesista capaz de encontrar agua en el desierto. Documentos posteriores, como el *De divinatione*, de Cicerón, atestigua claramente que la radiestesia formaba parte de la vida cotidiana de los egipcios.

Las excavaciones efectuadas en las tumbas del Valle de los Reyes han permitido descubrir no solo varillas, sino un cierto número de instrumentos que presentan un extraño parecido con los péndulos.

Moisés fue el gran mago de la Antigüedad. Instruido en todas las ciencias por los egipcios, fue capaz de hacer brotar agua de la roca de Horeb en pleno desierto. Para ello le bastó con golpear la piedra con su bastón de almendro.

La Biblia

Los textos sagrados y la Biblia contienen innumerables alusiones al bastón o a la varita que, en forma de cetro, es el atributo fundamental de cualquier monarca. De todas maneras no está completamente demostrado que este símbolo tuviese una relación directa con el arte del zahorí. En el siglo IX a.C. el profeta Oseas se muestra escandalizado por ciertos medios de adivinación empleados por el pueblo de Israel: «Mi pueblo pregunta a los leños, y su palo les hace revelaciones». Trescientos años más tarde Ezequiel refiere que el rey de Babilonia recurría a la adivinación arrojando flechas.

Los profetas intentaban combatir las tradiciones y las tendencias idolátricas de los israelitas invocándoles a la piedad interior y a la devoción espiritual que les había de acercar a Dios. A pesar de ello, los judíos siguieron haciendo uso de la varilla.

Grecia

La varilla aparece también en la mitología griega: Atenea se servía de ella para rejuvenecer o para envejecer a Ulises. Hermes blandía su caduceo cada vez que quería desencadenar a los elementos o enviar un alma a los infiernos. Circe y Medea no podían prescindir de él para sus prácticas de hechicería.

El escritor griego Herodoto, en el siglo V a.C. menciona que los escitas, que vivían en las estepas de la actual Rusia meridional, practicaban la rabdomancia o radiestesia.

> La palabra rabdomancia proviene del griego *rabdos* que significa «vara» y *manteia* que significa «adivinación», se define así como un antiguo método utilizado para encontrar agua subterránea u objetos (oro, tumbas, etc.).

Según cuenta Herodoto, el egipcio Belus fundó una colonia a orillas del río Éufrates, donde ordenó a los sacerdotes caldeos, que eran conocedores del arte de la rabdomancia o de la adivinación mediante la varilla, al igual que los magos egipcios de la época de Moisés.

Estrabón, en sus memorias históricas, aporta detalles eruditas e informaciones arqueológicas, entre las que menciona que los brahmanes de Persia, como los de la India, hacían uso de la vara para sus búsquedas.

Todos los caminos conducen a Roma

Tácito fue un historiador y senador que escribió diversos relatos. En alguno de ellos, como *De origine et situ Germanorum*, narra la vida y las costumbres de las tribus que vivían entre el Rhin y el Danubio, donde comenta que: «Los antiguos germanos creen en los auspicios y en la adivinación» y describe los instrumentos de madera de avellano y de otros árboles que usaban para la adivinación.

Y es que los germanos desarrollaron un sistema de escritura alfabética compuesto de varios signos conocidos como runas. La mayor parte de estas inscripciones realizadas con este tipo de escritura trata de amuletos, fórmulas, métodos mágicos y de adivinación. Practicaban la adivinación interpretando la posición de las varillas de madera, así como los sonidos, el vuelo de las aves o el comportamiento de los animales. Estos augurios eran interpretados por los sacerdotes o los cabezas de familia.

También los alanos utilizaron una varilla adivinatoria de hueso, al igual que los frisones, que vivían en la costa de los actuales Países Bajos.

En las obras de Tito Livio encontramos referencias sobre las cualidades de la varilla. Pese a mostrarse contrario a las supersticiones del vulgo, registra los prodigios y sucesos de los que él es testimonio.

Los romanos empleaban una especie de cayado llamado *linnus* para las artes adivinatorias. Cuando Rómulo fundó Roma, un augur etrusco se situó con él en lo alto de una colina y, empuñando una varilla, determinó la zona donde las influencias eran más favorables para la implantación de la ciudad.

Los zahoríes romanos precedían a los ejércitos con el fin de indicarles cuáles eran los mejores lugares para acampar, aquellos en los que solía brotar el agua de canales subterráneos que podían abastecer a las tropas. Pero también utilizaron un péndulo en sus artes adivinatorias, con las descubrieron un buen número de aguas termales, tan del gusto de los romanos.

> **Origen etimológico de la palabra zahorí**
>
> La palabra *zahorí* procede del texto místico cabalístico *Zohar*; proviene del árabe *zuhari* o, lo que es lo mismo, servidor del planeta Venus. Se puede traducir por *vidente* o *iluminado* y define a la persona a la que se le atribuye la facultad de ver lo que está oculto.

De la Edad Media hasta nuestros días

Un manuscrito del siglo XI menciona que la varilla y el péndulo se habían convertido en muchos casos en instrumentos de magia y de brujería. Son tiempos de oscurantismo, en el que los zahoríes ven su labor mermada por una Iglesia retrógrada que veía brujas y demonios en cualquier lugar. En 1518 Lutero condena el empleo de la varilla, sospechando que solo sirve de intermediaria en un comercio ilícito con el diablo. Es cierto que, en aquella época, eran muchos los que utilizaban las indicaciones de la varilla con fines inconfesables.

De un documento del año 1512 se extraen las primeras indicaciones escritas sobre el uso de la varilla: «En el momento en que el sol se eleve sobre el horizonte, tomar con la mano izquierda una varilla virgen de nogal silvestre, cortándola con la diestra con tres golpes al tiempo que se pronuncia esta invocación: "Te cojo en nombre de Elohim, Mitratón, Adonais y Sémforas, a fin de que tengas la virtud de la vara de Moisés y de Jacob para descubrir todo cuanto yo quiera saber"».

En 1521 el benedictino Basilio Valentín enumera siete clases de varillas que los mineros austriacos utilizaban para descubrir los filones de carbón o de minerales. Para ellos, la varilla era un instrumento precioso que llevaban constantemente sujeta al cinto o fijada en sus sombreros. Diversos grabados de esta época corroboran este aserto. En el *Tratado sobre los metales*, de 1546, se alude con desprecio a la varilla, manifestando el autor su oposición a tal engendro, pues ve en él un retorno a las maniobras mágicas de la Antigüedad.

En 1600 Pierre de Bornhigen, inspector general de minas, hizo venir de Alemania a Jean du Chatelet, barón de Beausoleil, quien poseía un impresionante instrumental para sus investigaciones y estudios: un compás, una brújula, un astrolabio universal y siete varillas metálicas e hidráulicas con las que aseguraba ser capaces de descubrir y distinguir los minerales, los metales y los diversos tipos de aguas subterráneas.

En 1798 un profesor de la Facultad de Medicina de Estrasburgo llamado Antonie Gerboin contemplaba a un niño que hacía girar una esfera de madera suspendida de un hilo. Comprobó que, después de algunas oscilaciones, la esfera volvía siempre a su posición inicial. Esto le llevó a experimentar sobre el péndulo, concluyendo que existe «una fuerza particular en el hombre». En la misma época, el químico bávaro Ritter se dedicó a hacer estudios comparados sobre el péndulo de Gerboin.

El péndulo se había llegado a convertir en un instrumento habitual de los zahoríes. Hacia finales de siglo xix la rabdomancia se aproximaba a lo que hoy se conoce como radiestesia. Varios investigadores, al tiempo, trataban de determinar las leyes susceptibles de regir los movimientos del péndulo.

En el siglo xx la radiestesia adquiere el rango de conocimiento científico: se crean asociaciones, se fundan revistas y se editan un gran número de obras. Los adeptos a la varilla y el péndulo se reúnen en congresos donde pueden discutir los resultados obtenidos.

En septiembre de 1911 tiene lugar en Hanover el primer congreso de zahoríes, favorecido por la industria minera de la zona, centrando sus objetivos en tres áreas:

❏ La búsqueda de cavidades subterráneas, con precisión de si están secas o bien disponen de agua.

❏ La búsqueda de metales enterrados, con indicación de su naturaleza.

❏ La búsqueda de corrientes de agua subterráneas, con indicaciones de su dirección, su profundidad y su anchura.

Durante la Primera Guerra Mundial la varilla y el péndulo hicieron grandes servicios en el frente, ayudando en la búsqueda de obuses enterrados o de cavidades subterráneas que sirvieran de abrigo.

El importante papel del abate Bouly

El abate Bouly (1865-1958) se considera el primer radiestesista del mundo. Tras superar sus estudios en Boulogne, fue nombrado párroco de una pequeña estación balnearia de Calais, donde descubrió su vocación de zahorí.

Sus éxitos son numerosos: localizó un gran número de fuentes, de cementerios merovingios, de canales subterráneos y de túneles escondidos en diversos castillos feudales. Sus éxitos le valieron ser muy conocido y llamado a distintos países para probar sus trabajos: Polonia, Rumanía, Portugal y España. El ministerio de la guerra francés le encargó el trabajo de encontrar obuses sin estallar tras el final de la Gran Guerra.

El gran mérito del abate Bouly consistió en detectar el agua a grandes profundidades, determinando la importancia del depósito y su calidad. Viendo en él más a un hombre de ciencia que no un charlatán, fue requerido a colaborar por numerosas empresas.

En 1933, la Academia de Medicina de París organizó en Avignon un congreso al que fueron invitados numerosos expertos en el arte de la varilla. Con el reciente descubrimiento de las radiaciones, en el congreso se expuso que toda forma de vida, ya fuera humana, animal, vegetal o mineral, así como cualquier cosa creada por el hombre, contiene vibraciones en correspondencia con una gama de colores, sonidos y un amplio espectro electromagnético, por lo que la vibración es una expresión de la vida en sus diferentes niveles y grados de densidad. En ese congreso, el abate Bouly propuso a los congresistas cambiar la denominación de rabdomancia por la de radiestesia.

Radiestesia

El nombre de radiestesia está formado por la palabra latina *radius*, que significa «radiación», y por el vocablo griego *aisthesis*, que significa «percepción de los sentidos», en su capacidad de 'sentir'.

El llamado padre de la radiestesia tenía un método relativamente complejo: «Nosotros vivíamos en un océano de radiaciones de la que no nos apercibimos: unos efluvios invisibles emanan de todas las cosas y no se trata más que de descubrir su existencia, constituyéndose uno mismo en un detector vivo. Una frágil antena permite captar más fácilmente las radiaciones escondidas: la famosa varilla del zahorí. Yo no soy más que un buscador de vibraciones, eso es todo».

El caso del abate Mermet

Hijo y nieto de afamados zahoríes de Saboya, Alexis Mermet se inició muy joven en el arte de la radiestesia. Se estableció en la Suiza francesa protestante, donde fundó numerosas parroquias católicas que se beneficiaron de los recursos que le procuraba la radiestesia.

Realizó investigaciones amplias y fructíferas sobre el agua. Usando el péndulo pudo detectar canales de agua contaminada por materia orgánica o microbios y que era del todo inadecuada para el consumo humano.

La extensión de sus conocimientos y la importancia de sus éxitos en el campo de la radiestesia le supusieron el nombre del Príncipe de los zahoríes. Su reputación mundial le llevó a realizar prospecciones con una precisión extraordinaria. Fue él quien descubrió una red de galerías en las grutas de Lacave. Así, descubrió numerosas fuentes de agua

mineral, minas, etc. Fue uno de los primeros radiestesistas que practicaron la prospección a distancia con excelentes resultados.

El abate relató sus experiencias en el libro *Cómo yo opero*, que alcanzó una venta de miles de ejemplares en su momento, traduciéndose a diversos idiomas. De muchos lugares de Europa le llegaron peticiones para buscar agua, hierro, y otros minerales.

El aristócrata de la radiestesia: Henry de France

Henry de France tuvo la suerte de que el abate Bouly se cruzara en su camino y le indujera a las primeras experiencias radiestésicas. A partir de ahí empezó a participar en diversos congresos, convirtiéndose en uno de los ponentes más escuchados.

Licenciado en historia, poseía sólidos conocimientos geológicos que, unidos a sus conocimientos en el ámbito de la radiestesia, lograron hacer de él un especialista de primer orden. Escribió numerosas obras, dando a conocer y popularizando sus experiencias. En 1930 fundó la primera revista mensual dedicada a la radiestesia, que dejaría de publicarse diez años más tarde.

Fue el inventor de diversos prodigios que facilitaron el uso de la varilla y el péndulo. Empleó varillas formadas por dos láminas planas de ballena o de acero. Estos modelos permitían captar mejor los movimientos inconscientes y los efectos que estos producían en las varillas. Ideó un sistema en el que enrollaba el extremo libre de suspensión del péndulo a un bastoncillo que el radiestesista debía sostener entre el índice y el pulgar con el fin de regular más fácilmente la longitud del hilo.

Explicaba Henry de France que sus éxitos eran fruto de su intuición cuando trabajaba sobre un mapa, pero en las prospecciones sobre el terreno pensaba que un efecto físico de naturaleza electromagnética provocaba indirectamente los movimientos del zahorí. Murió en 1947.

Otros radiestesistas famosos

Michel Chevreul fue un importante químico francés del siglo XIX. Por esa época, un grupo de sus colegas experimentaba con el péndulo y afirmaban que se podían identificar sustancias con él. Chevreul se mantenía escéptico, pero quiso comprobarlo. Tomó un recipiente con mercurio, y muy para su sorpresa, el péndulo se movía en la dirección indicada cuando lo colocaba sobre el mercurio.

Chevreul realizó entonces una segunda comprobación, lo que hoy denominamos un experimento a ciegas. Casi literalmente. Se vendó los ojos, péndulo en mano, mientras un asistente colocaba o retiraba el mercurio en secuencia al azar. Nada sucedió. Concluyó: «En tanto yo creía posible el movimiento este ocurría, pero después de descubrir la causa no pude reproducirlo».

Otro conocido científico de la época fue Michael Faraday. En 1853 realizó su famoso experimento con la llamada «mesa giratoria». Ante ella se sientan varias personas colocando sus manos sobre ella. En pocos minutos, la mesa girará en un sentido o en otro. Faraday realizó varios experimentos para comprobar si la mesa se movía sola o bien eran los propios integrantes de la mesa quienes la movían. Entonces colocó varios pliegos de cartulina cubriendo la mesa, cada uno un poco mayor que el de abajo e hizo unas marcas con un lápiz. Trataba de demostrar que si la mesa se movía primero, las líneas marcadas se moverían en sentido contrario, puesto que los pliegues superiores se retrasarían en su movimiento, pero si eran las manos quienes las empujaban, entonces las líneas se moverían en el mismo sentido del desplazamiento. El resultado mostró «que la mano, de hecho, había empujado el pliego superior y que los pliegos inferiores y la mesa lo habían seguido arrastrados por él». Concluía Faraday que el movimiento del aparato auxiliar del zahorí es una acción ideomotora. Esto lleva a la creencia de que la idea del movimiento que se origina en la mente del zahorí es provocado por su percepción de «algo» externo que nadie sabe exactamente qué es.

Joseph Treive (1877-1946) era ya un célebre zahorí que se limitaba a la búsqueda de agua. Un día, leyendo la historia del radiestesista Jacques Aymar se le ocurrió pensar que podría descubrir algo más que fuentes ocultas. A Aymar, lo convocó un día la justicia para esclarecer un robo de vinos y joyas. Con el empleo de objetos que el ladrón había estado en contacto, Aymar logró la restitución de lo sustraído. Treive puso en práctica un método similar, con lo que se convirtió en uno de los más célebres de la época especializado en la prospección a distancia.

Teorías radiestésicas

En este punto, la cuestión que se plantea es ¿cómo y porqué funciona la radiestesia? La primera de las hipótesis que se barajó era que el radiestesista percibía «ondas», un tipo de vibraciones que surgían del suelo investigado. Pero esta teoría no se sustentaba cuando se practicaba la radiestesia directamente sobre un mapa.

Sir William Fletcher Barrett, profesor de física del Instituto Real de Ciencias de Dublín, publicó en 1926 un libro titulado *La vara adivinatoria: una investigación psicológica y experimental*, donde trataba el tema desde un punto de vista psíquico. En el libro proponía: «(…) afirmamos que la radiestesia es un problema puramente psíquico, que todos los fenómenos tienen origen en el espíritu del radiestesista, que ninguna teoría física resiste a un examen atento y que los movimientos de la varilla y del radiestesista solo tienen relación con el resultado de la investigación para dar una expresión física a un conocimiento mental y abstracto.»

Hoy en día sabemos que nuestro campo energético no es solo un archivo de emociones, patrones patológicos, memorias del pasado, como sí un instrumento eficaz de recepción de todos los fenómenos energéticos. Las explicaciones del fenómeno radiestésico se dividen actualmente en dos escuelas de pensamiento.

La teoría física

Quienes defienden esta teoría piensan en la radiestesia como un fenómeno explicable mediante las leyes de la física. Según esto, todo lo que compone la naturaleza es vibración. El agua subterránea, los minerales, y todos los elementos vivos emiten vibraciones, también llamadas ondas, radiaciones, campos de fuerza, etc.

Según esta teoría, las personas que practican la radiestesia son capaces de captar estas vibraciones. El operador sería, pues, un mero receptor de estas fuerzas. La vara o el péndulo serían los encargados de captar las ondas.

Para algunos defensores de esta teoría, el operador capta las ondas que emanan del objeto gracias a su sistema neuromuscular, cuyo pensamiento no intervendría para nada en el proceso. Es pues, el magnetismo emitido por el objeto buscado lo que hace mover la vara o el péndulo. Todo se basa en una relación de tipo ondulatorio entre el instrumento del operador y aquello que se busca. Las investigaciones del profesor Yves Rocard se encaminaron a comprobar las razones de la teoría física.

Un físico brillante: Yves Rocard

Físico brillante, desempeñó un papel capital en la fabricación de la primera bomba atómica francesa. Es autor de trabajos notables en las áreas más diversas. En 1962 publica su primer libro, *La señal del rabdomante*. En él, exponía que:

- El rabdomante o zahorí no detecta la presencia de agua ni de metales, sino la de una pequeña anomalía del campo magnético terrestre. Tales anomalías suelen corresponder a fallas, es decir, fracturas con

> yuxtaposición de masas de rocas cuyo magnetismo es diferente.
>
> - **La varita no «gira» por sí misma. Lo que pasa es que el cuerpo del rabdomante reacciona a la anomalía magnética con un reflejo de baja (inconsciente) del tono muscular, en virtud del cual se debilita repentinamente la presión que ejerce en la varita: esta tiende entonces a anular la deformación elástica que le imponía el rabdomante. Por eso, tanto él como los espectadores tienen la impresión de que la varita desarrolla una fuerza irresistible.**
>
> - **La capacidad de reaccionar a las variaciones magnéticas no es un don excepcional, sino un «sexto sentido» que todo hombre posee normalmente en mayor o menor medida, y que la vida moderna limita en un entorno magnéticamente saturado. Esta sensibilidad se localiza en ciertos lugares del cuerpo: arcos superciliares, zona posterior del cráneo, partes internas de las articulaciones del codo y de la rodilla.**

Gracias a un magnómetro de protones, Rocard pudo observar que el cuerpo de un magnetizador albergaba diez mil veces más magnetita que el de una persona normal. Esta concentración inusual de magnetita se hallaba sobre todo en los talones, las vértebras lumbares, los codos, las rodillas, la nuca y los arcos filiares.

El abad Mermet impuso su método clásico de radiestesia ya que, para él, todos los cuerpos físicos emiten ondas y radiaciones cuya actuación produce en el cuerpo humano unas determinadas reacciones nerviosas que generan una especie de corriente por las manos. Mermet estableció que:

❏ Existen unas líneas magnéticas o zonas de influencia: todos los cuerpos están envueltos por un número de capas magnéticas en forma de círculos concéntricos que tienen una anchura de entre 5 y 30 cm entre ellas.

❏ Todo cuerpo emite un rayo cuya dirección forma un ángulo invariable en dirección norte-sur, manteniendo un ángulo constante en relación a la horizontal.

❏ El rayo mental sería el rayo que va del objeto al cerebro del operador. A través de él, el radiestesista detecta la presencia del objeto buscado, así como su naturaleza, dirección, distancia y profundidad.

❏ El rayo solar es detectado cuando se pasa un péndulo entre el objeto investigado y el Sol u otra fuente luminosa. Es el reflejo de la fuente luminosa sobre el objeto y su largura es proporcional a la masa que recibe el rayo solar directo.

❏ El rayo vertical es emitido en la vertical por todos los cuerpos, sabiendo que las anomalías geomagnéticas pueden alterar su emisión.

❏ Las imágenes radiestésicas: Son radiaciones reflejas que circundan el cuerpo. Las imágenes radiestésicas tienden a producir errores en la investigación radiestésica. Su intensidad decrece con la distancia mientras la intensidad del objeto de la investigación es constante.

❏ Un número concreto de rotaciones: Cada cuerpo produce en el péndulo un número correcto de oscilaciones seguido del mismo número de rotaciones.

❑ Espirales: Sobre el rayo fundamental el péndulo realiza un número correcto de espirales o giros.

La teoría mentalista

Los mentalistas basan su explicación de fenómenos radiestésicos en datos de orden psíquico. Concede un lugar central a las facultades de la mente, y en particular a la intuición.

El gran responsable de la acción radiestésica sería el instinto humano. Para los mentalistas, gracias a su subconsciente el operador entra en relación con el objeto buscado.

La teoría mentalista sitúa al operador en primer plano del fenómeno radiestésico. Su intuición es lo que hace mover la vara o el péndulo.

Se ha podido observar que, en ausencia de operador, el péndulo no oscila. Así, si se sustituye un péndulo por un dispositivo mecánico y se sitúa el objeto buscado debajo, no se mueve nada.

Según los mentalistas, la radiestesia exige una capacidad psíquica innata peculiar. En este caso, cualquier operación mecánica, como el ajuste del hilo, los elementos a buscar, etc., es secundaria, pues la característica principal sería la capacidad mental del operador. La varilla y el péndulo se considerarían medios destinados a descubrir en el sensitivo sus facultades paranormales, y no a recibir mensajes procedentes de campos electromagnéticos.

Las razones de los mentalistas quedarían demostradas por la exploración de la naturaleza de un terreno realizada teóricamente sobre planos, fotografías y dibujos, y por las comprobaciones realizadas por los radiestesistas de esta escuela.

Si el radiestesista puede sentir las modificaciones magnéticas del terreno sin estar allí, ¿cómo justificar los resultados obtenidos por aquellos que, en vez de buscar agua o metales, buscan personas u objetos desaparecidos?

La teoría mentalista es la que reúne un mayor número de partidarios, ya que lo más evidente parece ser que es, ante todo, nuestro subconsciente quien sabe y responde con la mediación del péndulo.

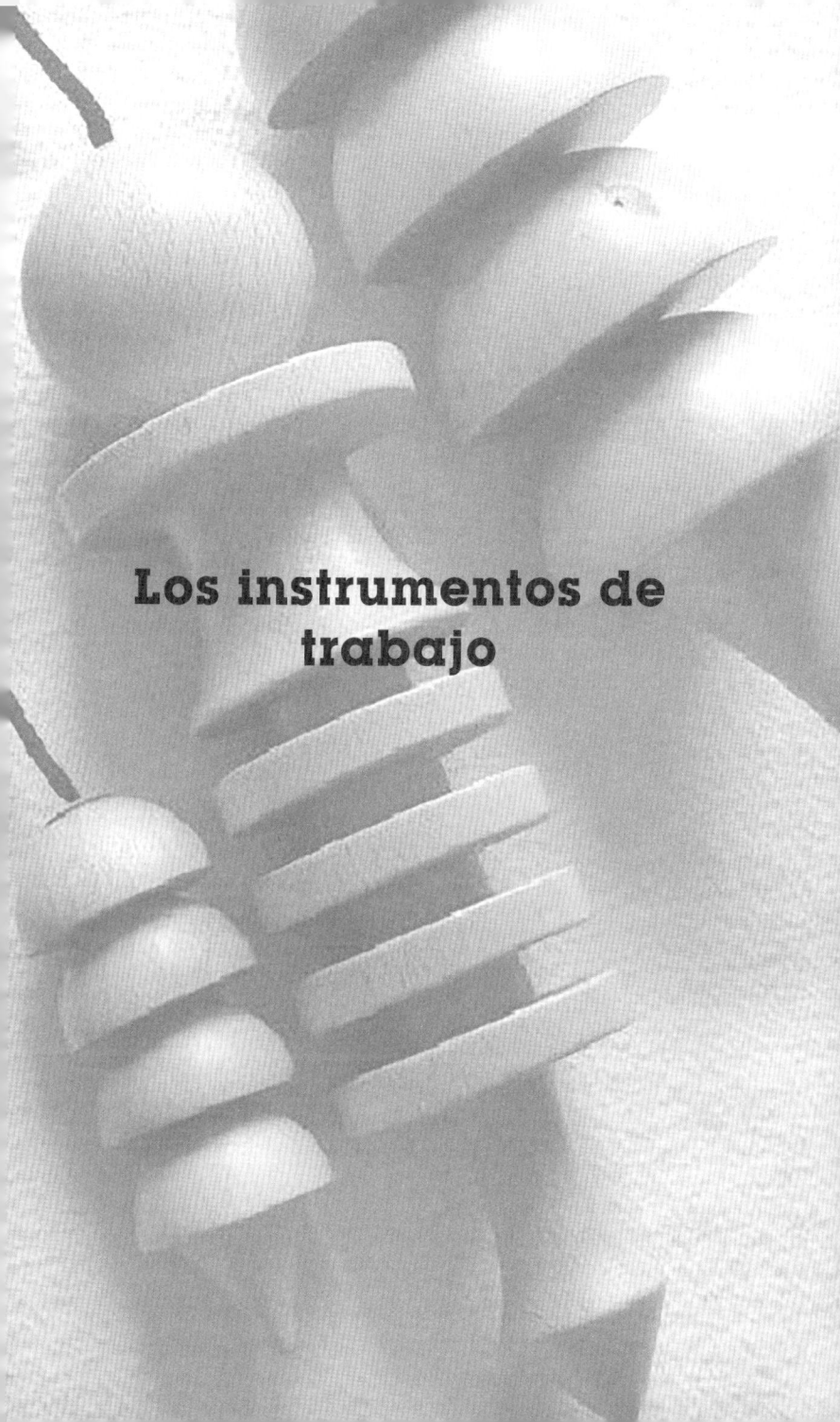

Los instrumentos de trabajo

Los principales instrumentos de trabajo del radiestesista son la vara y el péndulo. Su función es amplificar los sutiles reflejos neuromusculares que el cerebro del radiestesista dirige al brazo y la mano. Estos movimientos se prolongan luego a la vara y el péndulo.

Durante mucho tiempo la vara fue el único instrumento de la radiestesia. Era el instrumento clásico de los zahoríes y el más empleado en la búsqueda sobre el terreno. Actualmente el trabajo del radiestesista no se limita a la búsqueda de fuentes subterráneas. Sus actividades se han diversificado, buscando personas desaparecidas, colaborando en los diagnósticos médicos, en las premoniciones, etc. Por eso se ha popularizado el péndulo en las últimas décadas.

Las varillas

La mayoría de radiestesistas emplean unas varillas para trabajar sobre el terreno. El radiestesista se desplaza vara en mano, cuyos movimientos son amplios y enérgicos y se prestan a menos interpretaciones confusas que los del péndulo.

El aprendizaje de la vara es menos laborioso que el del péndulo. Suelen ser dos varillas en forma de L, siendo el brazo largo de la L el que da la respuesta. Se sujetan por el asa con cada mano de manera paralela entre sí. Se pueden usar para medir energía de una persona o de un objeto o persona ubicada frente al radiestesista.

Las varillas pueden dar dos tipos de respuestas:

❏ **abiertas:** las puntas de las varillas se separan formando un ángulo de apertura igual o superior a 90º. En este caso significa que la energía fluye correctamente o la respuesta a la pregunta que le hemos formulado es afirmativa.

❏ **cerradas:** las varillas convergen formando una X. Su interpretación es que existe un bloqueo en la circulación energética, que el objeto no se encuentra en ese lugar o que la respuesta a la pregunta formulada es negativa.

Cómo fabricar una varilla

Primero se debe localizar una rama de manzano o mejor aun avellano común, que tenga la forma de una «Y», se corta con la ayuda de una herramienta y luego se puede limpiar para eliminar cualquier imperfección que esta posea. Finalmente se toma con ambas manos por las secciones más cortas, apuntando con el cabo más largo lo que se desee señalar.

Otra manera de cómo hacer varillas de radiestesia es utilizar alambre grueso o una varilla de metal, y doblarla formando una «L». Se deben elaborar dos varillas para trabajar con esta forma. Las medidas pueden variar, se recomienda unos 30 centímetros en el segmento más largo y 11 centímetros en la parte que se utilizará como asidero. Luego se toman las varillas una en cada mano y se alinea en paralelo al suelo la parte más larga; no deben apretarse mucho, es necesario que permitan movimiento hacia los lados y hacia abajo.

Hoy en día, las barbas de ballena son las más populares, ya que son ligeras y flexibles. Las varas de metal también son comunes pero son más pesadas. La vara con forma de «Y» invertida es seguramente la más común, aunque también existen las que tienen forma de escuadra o de vara recta.

El péndulo

Los péndulos pueden ser de diferentes formas, pesos, materiales... Su repertorio de movimientos es muy amplio: pueden ser giros a la derecha, a la izquierda, ligeras oscilaciones en horizontal, en vertical o en diagonal.

Se usa el péndulo para medir la energía de un lugar o de un cuerpo. Se emplea en sanación para detectar las fluctuaciones bionergéticas del cuerpo humano. Las áreas de aplicación de este tipo de instrumentos es muy diversa, puede ser en homeopatía, en sanación energéticas, en terapia floral, en cristaloterapia, en el trabajo con los chakras, etc.

También se emplea el péndulo en la localización de objetos, minerales o agua.

Las ventajas del péndulo respecto a las varillas son varias:

❏ Se puede sostener con una sola mano. Con la otra se puede sostener un testigo, anotar un dato referente a la investigación o poner la mano en una posición receptiva.

❏ El péndulo parece más apropiado para buscar con un mapa geográfico o un esquema.

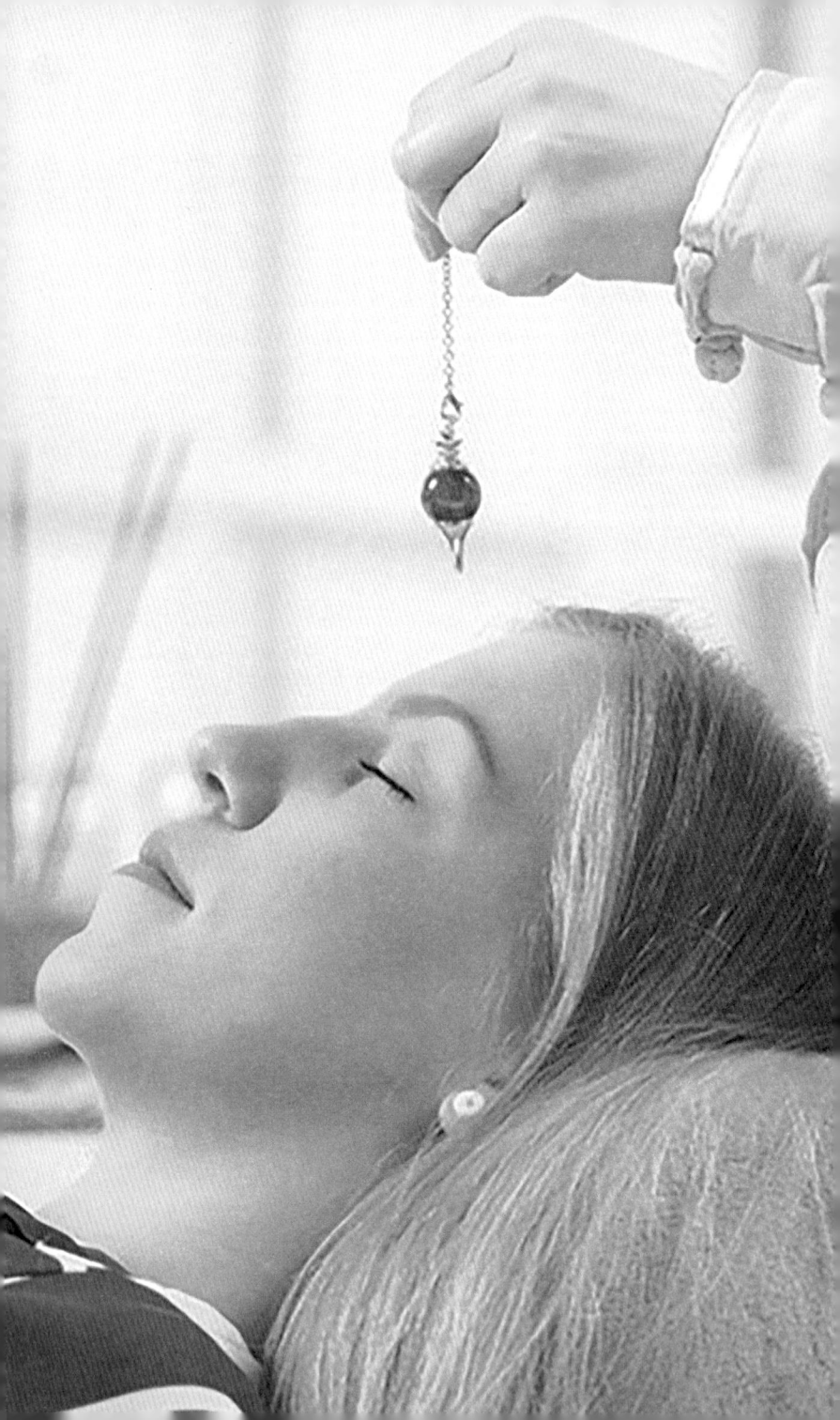

❏ El péndulo es lo más apropiado para trabajar la telerradiestesia, esto es, el trabajo a distancia.

❏ Es más ligero que las varillas, por lo que el trabajo puede realizarse durante más tiempo sin cansarse.

❏ Es más fácil de transportar que una varilla, se puede guardar en un bolsillo y tenerlo siempre a mano.

> **El testigo**
>
> El testigo es una pieza indispensable para el radiestesista que emplea el péndulo en su labor. Es aquello que le permite concentrarse más fácilmente en aquello que indaga, aquello que da una orientación clara hacia lo que se busca.
>
> Se trata de poner dentro del péndulo un testigo de la persona que se busca, es decir, una fotografía, un mechón de su cabello, un papel con su firma, su huella digital, su carta astral, saliva en un algodón envuelto en una bolsa de plástico, o un papel en el que se escriban sus datos personales, tales como nombre completo, sobrenombre, signo astrológico, lugar y fecha de nacimiento, dirección, etc. Esto funciona de forma similar al buscar mascotas, animales u objetos perdidos (como un coche o una prenda de vestir, por ejemplo).

Cómo elegir bien el péndulo

Un péndulo puede ser hecho por el mismo radiestesista o bien puede ser comprado directamente en un lugar especializado.

❏ Existe en el mercado una gran variedad de péndulos cuyos precios pueden variar de uno a otro. No necesariamente los más caros son los mejores, hay que tener en cuenta esta premisa. Un instrumento fabricado por uno mismo puede ser tan válido como el más caro de los péndulos comprados. El abad Mermet, por ejemplo, empleaba su reloj como elemento de la radiestesia.

❏ Desconfíe de los inventos supuestamente revolucionarios y sofisticados. A la vara y el péndulo, instrumentos de base, se le añadieron brújulas, agujas imantadas, imanes y muchas más cosas. Estas innovaciones mejoraron la eficacia de varillas y péndulos.

❏ Todos los materiales valen: desde el vidrio, el latón, el cristal puro o el cobre. Hay que tener en cuenta posibles sensibilidades extremas hacia algunos materiales, ya que podrían estimular la intuición.

❏ Varillas y péndulos y cualesquiera otro material que se emplee para la radiestesia deben estar bien equilibrados. La cadena ligada a un péndulo debe estar equilibrada y comprobar que nada puede falsear la rotación del péndulo.

❏ El peso y el volumen de la masa del péndulo son características importantes a tomar en cuenta. Tiene que ser cómodo para el radiestesista… Ni muy liviano, ni muy pesado. El tamaño es determinado por el uso: en trabajos en escritorio o sanación es mejor uno pequeño o mediano pero en búsquedas al aire libre es preferible un péndulo grande y pesado para que el viento no influya demasiado.

Cómo fabricar el propio péndulo

Existen muchas tiendas de esoterismo donde se puede conseguir un péndulo por precios muy asequibles, pero siempre existe la posibilidad de realizar un péndulo de forma artesanal, ya que se trata de un objeto muy sencillo que no necesita de muchas complicaciones.

Existen muchas formas de hacer un péndulo casero, hoy nos centraremos en tres: péndulo con anillo, péndulo con cuarzo o péndulo con llave, en los tres casos el péndulo será exactamente igual de efectivo.

Hacer un péndulo casero con anillo es tan sencillo como conseguir un anillo y una cuerda plateada de unos 30 centímetros, una vez tengamos los dos objetos, deberemos pasar la cuerda por el interior del anillo, para que este pueda colgar de ella cuando la cojamos de un extremo con los dedos. De esta manera se puede hacer la consulta sobre el futuro concentrándonos en la pregunta y dejando que el anillo se mueva en una u otra dirección.

La creación de un péndulo casero con llave es muy similar al caso anterior, para ello se necesitará una llave, a poder ser no muy grande, y una cuerda plateada de unos 30 centímetros, luego pasar la cuerda por el interior del hueco de la llave. La adivinación se hará tras hacer la consulta en voz alta, esperando que la llave empiece a moverse.

Por último, existe la posibilidad de hacer un péndulo casero con una piedra, como es el caso de un cuarzo, para ello deberá comprar una piedra tallada en forma piramidal para que pueda moverse colgada de un hilo de plata de unos 30 centímetros.

Las horquillas

Las horquillas son los instrumentos preferidos en la búsqueda de minerales y agua en campo abierto, ya que su estructura no es susceptible al viento. Se crea con una rama de árbol en forma de Y o bien se pueden emplear horquillas artificiales hechas de madera. Se toma con ambas manos en posición supina, con la punta indicando la dirección y ubicación exacta del objeto que se quiere encontrar.

El aurámetro

Se trata de una varilla metálica muy flexible o un resorte que se sostiene con un mango y en la punta tiene un cono o cilindro pesado. Es una combinación entre varilla y péndulo. Se utiliza en forma horizontal (como las varillas). El aurámetro destaca dentro de los instrumentos de radiestesia, por aportar cuatro tipos de movimiento como respuesta:

- Oscilación horizontal.
- Oscilación vertical.
- Giro a la derecha.
- Giro a la izquierda.

Su uso más común es para medir la energía de objetos, personas y lugares.

Instrumentos de verificación

Existen instrumentos de verificación elaborados a partir de principios físicos y mecánicos que aportan información sobre ciertas materias subterráneas como minerales, petróleo o bolsas de agua.

Muchos radiestesistas recurren a ellos para verificar la exactitud de una respuesta obtenida mediante un péndulo o una varilla. Su empleo requiere muchas horas de formación y, por lo general, un alto presupuesto. Los más utilizados son:

❏ **El electrómetro y el aparato de Schlumberger:** Estos instrumentos pueden indicar diferencias de potencial eléctrico generadas por una concentración minera, una corriente de agua subterránea, una capa de petróleo, etc. Lo que hace el electrómetro es dar cuenta de las perturbaciones eléctricas del subsuelo, mientras que el aparato de Schlumberger mide la conductividad eléctrica del suelo.

❏ **El magnómetro de Fortin:** Se utiliza para medir el campo magnético terrestre en interacción con la atmósfera.

❏ **El aparato de Wust y Wendler:** Provisto de un imán y una brújula, indica ciertas modificaciones del campo magnético por encima de las corrientes de agua o de cualquier corriente subterránea.

❏ **El péndulo Holweck-Lejay:** Está concebido para registrar las variaciones de la gravedad terrestre. Su gran sensibilidad le permite captar modificaciones magnéticas o eléctricas de muy baja intensidad.

❏ **La balanza de Eötvös:** La balanza de Eötvös consiste en una balanza de precisión que puede girar no solo sobre el eje horizontal común haciendo ascender o descender los platillos, sino a su vez sobre un eje vertical, sobre el cual dichos platillos giran en un movimiento de rotación. Las diferentes balanzas utilizadas por Eötvös y sus colaboradores fueron diseñadas con el objetivo de medir gradientes gravitatorios.

La práctica de la radiestesia

Ser un buen radiestesista no exige ninguna aptitud particular, todo el mundo puede llegar a serlo. Aunque es verdad que las personas con un cierto sentido de la intuición y con una sensibilidad especial pueden adquirir esta capacidad con una mayor soltura y rapidez. Como toda disciplina, la radiestesia es ante todo una cuestión de entrenamiento, por lo que exige mucha paciencia y perseverancia para agilizar ese sexto sentido que todo el mundo tiene pero que solo unos pocos son capaces de cultivar.

Cómo llegar a ser un buen radiestesista

Algunas personas tienen más facilidad que otras para ser un buen radiestesista, pero todo el mundo es un zahorí potencial. Hoy en día se considera que capacidades como la intuición, la imaginación, la subjetividad o el sexto sentido no son formas válidas de conocimiento, por lo que se tienden a reprimir. Por tanto se tiende a no desarrollar suficientemente las funciones que se pueden realizar con el hemisferio cerebral del lado derecho, entre las que están la radiestesia.

Para saber si se tiene capacidad innata para realizar la radiestesia se pueden realizar algunos ejercicios:

❏ Lo primero es acudir a un radiestesista experto, colocar las manos hacia arriba y esperar que el zahorí coloque un instrumento en sus manos. Al abrirlas percibirá un alto nivel de energía o un movimiento constante, lo que indicará una buena predisposición para la radiestesia.

❏ Otro método consiste en acompañar a un zahorí sobre el terreno, colocar la mano derecha sobre su hombro y observar las evoluciones del péndulo o varilla que se empleen. Una mayor energía de movimientos significará una gran aptitud, en cambio una disminución o ralentización del movimiento reflejará poca disposición para este arte.

Para llegar a ser un buen radiestesista hay que preparar el terreno psíquico mediante un sencillo método que consta de:

- la memoria subconsciente,
- el poder de concentración,
- la capacidad de visualizar,
- la autohipnosis y la relajación,
- el sexto sentido en general.

Entrar en contacto con la memoria subconsciente

El radiestesista puede entrar en contacto con su subconsciente sin necesidad de abandonar su estado de conciencia normal, manteniendo una interacción voluntaria entre ambos estados.

Y es que el subconsciente constituye un formidable banco de datos para el radiestesista, ya que es el lugar donde se almacena y codifica toda la información recibida desde la infancia. La claridad y la precisión de la información recibida por el subconsciente permitirán al radiestesista recibir información suplementaria sobre el objeto exterior acorde con su representación mental.

La visualización previa del objeto a buscar, incluyendo su color, su densidad, su textura, estimulará los recursos subconscientes.

De cara a estimular la memoria subconsciente puede tratar de realizar estos ejercicios:

❏ Con un papel de dibujo y un lápiz, sitúe un objeto ante su mirada y obsérvelo atentamente durante un minuto, sumergiéndose en su contemplación. Ahora, esconda el objeto e intente dibujarlo intentando incluir el máximo número de detalles posibles. Con el fin de aumentar su capacidad de memorización reduzca progresivamente el tiempo de observación o bien elija objetos más complicados. Será una manera de aumentar su capacidad de atención y presencia. Comprobará que, cuando un objeto llama nuestra atención, las puertas de la percepción se abren y el suceso se imprime sobre la memoria. Un buen radiestesista debe adquirir una buena capacidad de percepción.

❏ Otro ejercicio que se puede realizar es tratar de memorizar los sueños por la mañana al levantarse, escribirlos en un diario personal y tratar de hacer una descripción precisa y viva. Trate de recordar los colores, las formas, la atmósfera, los sucesos, los personajes, etc. Este ejercicio ayuda a desarrollar la memoria subconsciente y permite familiarizarse con el funcionamiento de la misma.

Dominar la mente

Controlar la mente y tener un alto poder de atención y concentración son fundamentales para la labor efectiva del radiestesista. Además, también es importante saber alcanzar un estado de total neutralidad mental que le permita abstraerse de toda idea preconcebida en la búsqueda.

> **Sobre la mente subconsciente**
>
> - La mente subconsciente constituye el 88% de la capacidad del cerebro.
> - La mente subconsciente es incapaz de razonar, por lo tanto no es capaz de rechazar todo lo que en esencia le dice la «mente consciente».
> - La mente subconsciente tiene una memoria perfecta, lo que significa que solo necesitamos buscar y tener fe en su capacidad y así recordar fácilmente la información.

Para realizar una búsqueda debe concentrarse en una sola cosa: el objeto de la búsqueda, sin distracción alguna. Además, son necesarias grandes dotes de claridad y precisión.

La atención es una manifestación espontánea producto del deseo de conocer de una manera voluntaria, en cuyo caso exige un esfuerzo sostenido. La atención voluntaria crea un estado de tensión cerebral constante. Por eso es importante interrumpir periódicamente ese esfuerzo de atención para dejar descansar el cerebro, para no correr el riesgo de agotarlo. En cuyo caso la mente se trastorna, la memoria se debilita y el pensamiento se vuelve desordenado e inoperante.

Con el fin de desarrollar al máximo su poder de atención y concentración trate de adoptar las siguientes actitudes:

❏ Adopte la actitud de un niño que trata de descubrir el mundo: esto es, mire el mundo con el mismo interés que si fuera un joven que se interesa vivamente por todo lo que le rodea, observe los colores, las formas del paisaje, descubra las texturas que le rodean.

❏ Trate de fijarse en los actos más nimios, concéntrese en sensaciones como la de pisar el suelo con los pies descalzos, saboree la comida, aprenda a sumergirse en cualquier detalle. Este ejercicio le puede llevar unos minutos tan solo los primeros días pero luego puede alargar este ejercicio algún tiempo más. Busque lugares tranquilos donde su mente se halle en paz.

❏ Tome un yantra tibetano, una de esas representaciones geométricas que suele ser una representación del cosmos, y concéntrese en un punto situado en el centro del círculo. Fije su atención en ese punto durante al menos cinco minutos. Ignore cualquier pensamiento que le distraiga y relájese.

❏ Centre su atención en la mano derecha. Pasados unos minutos, dedíquese a una ocupación cualquiera pero continúe concentrando su atención en la mano. Practique este ejercicio durante quince minutos.

❏ Cuando esté en la cama a punto de dormir, elija una parte de su cuerpo en la que fijar su atención y permanezca atento a ella hasta que le invada el sueño. Una vez haya realizado este ejercicio diversas veces constatará que su atención tendrá tendencia a mantenerse.

❏ Procúrese un reloj con segundera y sitúelo bajo su atenta mirada. Preste atención al movimiento de la aguja y déjese llevar por un pensamiento que le absorba la atención. Mire a ver cuántos segundos ha sido capaz de mantenerla fija en ese pensamiento.

> **Concentrado sobre la respiración**
>
> Reserve para este ejercicio entre cinco y diez minutos cada día sin que haya posibilidad alguna de interrupciones, ni teléfonos, ni timbres, nada…
> - Siéntese cómodamente en una silla.
> - Cierre los ojos.
> - Respire profundamente.
> - Fíjese en la respiración, note cómo el aire entra en sus pulmones lentamente y sienta su espiración, cómo el aire sale lentamente de sus pulmones.
> - Siga así durante unos cinco minutos más.

Cómo conseguir un estado de neutralidad total

Para alcanzar un estado de neutralidad y pasividad psíquica es importante abandonarse en manos de la meditación. Existen diversas maneras de tratar de alcanzar un estado de trascendencia absoluta. Pero uno de los más comunes consiste en:

❏ Siéntese con las piernas cruzadas y la espalda recta sobre una silla.

❏ Concéntrese en el movimiento que la respiración produce en sus pulmones. Observe cómo el juego de sus pensamientos interfiere en el movimiento de respiración.

❏ No juzgue los pensamientos que le salgan al paso, es indiferente que sean buenos, malos, inquietantes, relajantes, etc... No debe identificarse con esos pensamientos. El proceso mental no es el proceso de la conciencia, sino su mero subproducto. Trate de mantener la postura del observador neutro que observa una serie de fenómenos mentales girando ante él. De algún modo, la persona es un cúmulo de pensamientos que cambian sin cesar y que vuelven siempre a la mente de una forma diferente.

❏ Trate de concentrarse de nuevo en los movimientos respiratorios pero sin intentar controlarlos.

Estos ejercicios incrementarán su capacidad de aislamiento mental y por tanto mejorarán sus aptitudes como radiestesistas.

Capacidad de visualización

El radiestesista ha de ser capaz de saber mantener una sola imagen en la mente, ya que le permite movilizar todos sus recursos cognitivos para obtener informaciones precisas. La capacidad de visualización le permite al radiestesista:

❏ Ahorrar gran cantidad de energía.

❏ La ausencia de distracciones visuales.

❏ Producir ondas cerebrales que favorezcan la aparición de un estado de conciencia alterado.

La visualización mental consiste en imaginar situaciones, imágenes o espacios comunes, de manera nítida y clara. Esta técnica le aproximará a sus objetivos ya que es una manera de indicarle a la psique qué desea conseguir a través de imágenes mentales que resulten estimulantes para movilizar los propios recursos.

Ejercicio de visualización de una figura

- Mire fijamente una imagen en un papel entre treinta segundos y un minuto.
- A continuación cierre los ojos un instante y dirija su vista hacia la pared o un papel en blanco.
- Deje que la imagen se forme espontáneamente.
- Repita varias veces este ejercicio.

Ejercicio de visualización de color

- Tome un trozo de tela o papel de un solo color.
- Contemple este color entre uno y tres minutos y después cierre los ojos.
- Trate de visualizar de nuevo el color interiormente. Concéntrese bien, de manera que se le aparezca con toda la intensidad y claridad posibles.

Ejercicio de visualización de un paisaje

- Imagine un paisaje espléndido y muy soleado.
- Construya el paisaje con todos los detalles posibles.
- Imagine que está en un prado contemplando ese paisaje, y que la luz y el calor del sol lo envuelven y penetran en todo su cuerpo.
- Relaje todos sus músculos.

Ejercicio de visualización de una pantalla

- Elija una imagen que previamente haya fijado en su memoria.
- Visualice esa imagen normalmente.
- Intente visualizarla repetidamente en su pantalla interior, pero tratando de reducir su imagen cada vez más.
- A continuación vuelva a la situación de la imagen normalizada e imagine que su pantalla interior se divide en cuatro secciones. Trate de colocar esa imagen en cada una de las pantallas y compruebe en cuál de ellas se visualiza mejor la imagen.

La autohipnosis

La autohipnosis permite programar nuestra mente o mente subconsciente mediante sugestiones que pueden lograr un cambio de hábitos en algunos casos o bien, en este caso, para crear un estado favorable para la radiestesia.

Se trata de un sistema de relajación autoinducida que se basa en la teoría de que las conductas se arraigan por repetición y se introducen en el cerebro, siendo asimiladas por el subconsciente.

Sus beneficios son evidentes: en estado de relajación, el cerebro baja sus barreras y resulta más fácil introducir esos cambios en la programación mental.

La autohipnosis es un modo privilegiado de hallar la paz espiritual y recuperar las fuerzas. Al ser el propio hipnotizador se condiciona positivamente en relación con lo que se desea cambiar o mejorar.

> **Beneficios de la autohipnosis**
>
> La autohipnosis nos puede ayudar en muchos aspectos de nuestra vida, entre ellos:
>
> - Combatir adicciones como morderse las uñas o dejar de fumar.
> - Malos hábitos alimenticios y perder peso.
> - Eliminar miedos (las fobias son un grado que requieren ayuda externa), como hablar en público, al éxito, al fracaso, etc.
> - Mantenerse centrado en los objetivos.
> - Visualizar resultados.
> - Combatir obsesiones.
> - Ayudar a conciliar el sueño.
> - Combatir las pequeñas dificultades que nos ponemos en nuestras metas, baja autoestima, autosabotaje, sentimientos de inferioridad o de no merecer, etc.

La autohipnosis le puede ayudar a ser un buen radiestesista, permitiéndole:

❑ **Encontrar la calma interior y la neutralidad mental:** La búsqueda radiestésica exige un estado de calma interior que ningún pensamiento puede alterar. Para que el subconsciente pueda responder a las preguntas formuladas por el péndulo es necesario crear un estado de vacío y calma mental, alejándose de las preocupaciones cotidianas. Técnicas como la concentración, la visualización o la meditación son un excelente estado de gracia propicio para la radiestesia, lo que le permite superar los límites del yo subconsciente. También, mediante la autohipnosis, es posible alcanzar un estado de relajación excepcional, incluso en circunstancias muy difíciles. Funciona pues, como un analgésico muy poderoso, capaz de eliminar el dolor físico o moral.

❑ **Desarrollar la confianza en uno mismo:** La autohipnosis es una gran terapia para mejorar la confianza en uno mismo. A través de la hipnosis se puede entrar en un estado donde la mente consciente está «adormecida», de tal forma que podremos trabajar libremente con las creencias más profundas que nos limitan. Al hablar directamente a la mente inconsciente logramos influir en el comportamiento y ayuda a desarrollar nuevas respuestas ante aquello que antes puede paralizar de miedo una persona.

❑ **Iniciarse en el estado de trance propicio para la búsqueda radiestésica:** La autohipnosis lleva a la persona a un estado de profundo trance, por lo que representa un estado de iniciación al estado radiestésico. Ese estado de trance es muy útil para poner en orden las percepciones, organizar la agenda diaria, cumplir tareas mecánicas o preservar la supervivencia del cuerpo.

❏ **Reforzar el poder de visualización:** Al dominar la autohipnosis se puede aumentar la capacidad de visualizar y también la habilidad radiestésica. Todo buen radiestesista sabe hasta qué punto es importante visualizar lo que busca de la manera más precisa posible.

Cómo entrar en un estado de autohipnosis

No todas las personas tienen el mismo grado de facilidad para entrar en un estado hipnótico, por lo que en algunos casos se puede requerir más tiempo para lograrlo.

- Vestirse con ropa cómoda: Una ropa holgada favorece el trance, de la misma manera que una temperatura adecuada en la sala.
- Siéntese en un lugar tranquilo, en una silla, un sofá o una cama. Asegúrese de no cruzar las piernas o ninguna parte del cuerpo.
- Asegúrese que nada le moleste durante al menos una hora y no haya llamadas telefónicas o ruidos molestos que puedan interferir.
- Déjese ir y respire profundamente, fije el punto de focalización mental hacia un lugar fijo, como la llama de una vela, por ejemplo, cierre los ojos pensando que los párpados le pesan mucho.
- Trate de relajarse con cada respiración profunda, sintiendo el cuerpo cada vez más y más pesado.
- Relaje su cuerpo y sus músculos por partes: primero piense en una pierna, luego en la otra, las caderas, los brazos, etc. Observe cómo sus músculos abdominales se relajan.
- Relaje los músculos de la cara, la boca, los ojos, sienta cómo la tensión se disuelve.

- Repita las siguientes frases:
  - «Entro en contacto con mi subconsciente que lo sabe todo.»
  - «Tengo la certeza de que mi subconsciente dará una respuesta precisa y exacta a las preguntas que se plantea.»
  - «Conecto cada vez más con mi intuición radiestésica.»
  - «Entro en comunión con el espíritu de los zahoríes.»
- Deje que su voz mental repita una y otra vez estas frases y así conectará con su subconsciente.
- Una vez esté despertando del estado de autohipnosis trate de incorporarse y recupere su ritmo respiratorio normal.

Desarrollar un sexto sentido

La facultad radiestésica es una facultad psíquica fundamental que a menudo se conoce también como sexto sentido. Es el común denominador de las diversas manifestaciones intuitivas de toda persona conectada con su subconsciente. Al desarrollar ese «sexto sentido» es más fácil obtener las capacidades radiestésicas necesarias para la búsqueda que se precisa.

La percepción extrasensorial, la clarividencia, la premonición, la intuición, son sinónimos del sexto sentido o de la capacidad de percepción sutil.

El mundo físico se puede percibir a través de los cinco sentidos y del intelecto. Pero cuando se trata del mundo invisible o sutil se puede percibir a través de los cinco sentidos sutiles, la mente sutil y el intelecto sutil, más conocido como el sexto sentido. Cuando se desarrolla o se activa se percibe más claramente esta dimensión, trasladándonos a una experiencia espiritual.

¿Cómo desarrollar una percepción extrasensorial?

El mundo sutil está en todas partes, aunque a menudo no se puede percibir. Para sintonizar con este mundo necesitamos una antena espiritual que despierte ese sexto sentido. Pero para desarrollarlo se precisa una cierta práctica espiritual.

Se puede tratar de desarrollar de distintas maneras, por ejemplo jugando al rol de la habitación oscura.

❏ Siéntese en mitad de una habitación oscura. Abra los ojos. Al principio no distinguirá nada, apenas vagas siluetas a su alrededor.

❏ Relájese y trate de sentirse cómodo. Trate de respirar profundamente y déjese llevar por las sensaciones que le invadan.

❏ Tras algunos minutos, empiece a mirar atentamente y observará cómo los objetos que le rodean se hacen cada vez más y más evidentes. Podrá distinguirlos y localizarlos de manera más precisa.

❏ Su cerebro captará y grabará las microsensaciones luminosas. Verá que puede levantarse y circular por la habitación sin necesidad de luz alguna.

La intuición indica un presentimiento, una sensación instintiva. Los científicos creen que la intuición es una forma de procesamiento rápido de información y una habilidad que se desarrolla con la práctica. La habilidad de usar la intuición se desarrolla por una exposición constante a varias situaciones y resultados: mientras más complejas sean las experiencias, más posibilidades habrá de desarrollar un conocimiento inconsciente e intuitivo sobre una amplia variedad de situaciones y experiencias.

Preste mucha atención a los sentimientos como respuesta a los elementos que se encuentren. Fíjese en sus reacciones y anótelas, si es preciso, en un diario. Anote también en ese diario los sueños que desarrolle por la noche. Los sueños son expresiones inconscientes de los sentimientos, los pensamientos y las ideas.

Establezca conexiones entre el contenido de los sueños y sus sentimientos o las situaciones que se dan en la vida consciente. Al establecer conexiones entre la experiencia consciente e inconsciente, conocerá mejor y estará más en armonía con las ideas ligeras y experiencias debajo de la superficie de la conciencia inmediata.

Preste atención a todo lo que le rodea, aquellos pequeños detalles que le rodean. Mientras más atención preste a los objetos que hay a su alrededor, más consciente será de los ligeros cambios y variaciones y más en armonía se sentirá con el mundo que le rodea. Ello modificará su percepción en cualquier tipo de cambios que se produzcan en el ambiente y podrá anticipar las cosas que le rodean.

También es importante que aprenda a ver y escuchar con atención. Cuando hable con alguien trate de prestarle toda su atención intentando captar las pistas pequeñas y casi imperceptibles que le indicarán lo que siente o piensa aquella persona.

Trate de ejercitar sus sentidos no visuales. A menudo se tiende a confiar en la vista para interpretar el mundo que nos rodea. Sin embargo, si se tiende a priorizar otros sentidos, se podrán percibir variaciones más sutiles en ambiente que anteriormente podían pasar desapercibidas. Cierre los ojos y trate de percibir lo que le rodea con los otros sentidos. Preste atención a su ropa, a su respiración, a su olor. Observe los cambios ligeros en el aire, cualquier cambio mínimo de temperatura.

Dirija sus pensamientos hacia fuera y trate de prestar atención hacia los lugares, personas y objetos que le rodean.

Por último, desarrolle una práctica de meditación. Al tratar de aprender a convivir en armonía con el mundo que le rodea, se consigue callar la mente y observar con calma todo cuanto nos rodea.

❑ Empiece encontrando un lugar tranquilo en el que se pueda sentar en silencio.

❑ Cierre los ojos, y empiece a prestar atención a los sonidos, olores y sensaciones físicas que le rodean.

❑ Respire hondo y con regularidad, concentrándose en la respiración por el diafragma y prestando atención a la pausa entre cada respiro.

❑ Cuando cualquier pensamiento aparezca en su mente, déjelo pasar poco a poco y con calma.

❑ Poco a poco aumente el tiempo que pase meditando. Al inicio, es posible que solo practique cinco minutos al día. Poco a poco aumente a diez minutos al día, luego quince y después veinte.

El contacto con el péndulo o las varillas

No es fácil llegar a ser un radiestesista (y además de los buenos). Requiere práctica, tiempo y paciencia.

Lo primero que hay que hacer es tratar de relajarse. Un radiestesista estresado, preocupado o con la mente cansada difícilmente conseguirá sus objetivos. También es importante no trabajar después de una comida copiosa ya que entonces no tendrá la mente despejada (¡y eso es importante!). Inspire profundamente unas cuantas veces y realice una serie de estiramientos coordinados para activar su energía vital. Cuando esté plenamente vigorizado, puede empezar su sesión de radiestesia.

Tanto si trabaja de pie como sentado, adopte una posición confortable. Sostenga el péndulo con la mano relajada, de manera que no interfiera con la corriente energética que une el cuerpo con el péndulo. Si trabaja sentado, ponga el codo sobre la mesa, lo que le servirá para trabajar durante más tiempo sin agotarse. Si trabaja de pie, sitúe el brazo en una posición relajada. En cambio, si debe desplazarse para iniciar una búsqueda, camine con paso lento y regular. Evite los gestos inútiles de cara a no perder la concentración y que no se perturbe el reflejo radiestésico.

Sostenga el péndulo entre el dedo pulgar y el índice, ya que los reflejos neuromusculares parecen más acentuados en esos dedos.

Es importante la longitud de la cadena del péndulo, ya que influye directamente en la amplitud de movimientos. Para acertar con esta distancia, mantenga la cadena a una distancia de tres o cuatro centímetros de los dedos indice y pulgar. Induzca el movimiento del péndulo y déjelo resbalar entre sus dedos. Cuando los movimientos del péndulo hayan alcanzado la mayor nitidez, apriete ligeramente el pulgar y el índice para detener el descenso.

El movimiento del péndulo

El movimiento del péndulo ofrece una gran posibilidad de movimientos:

❑ Puede describir elipses.

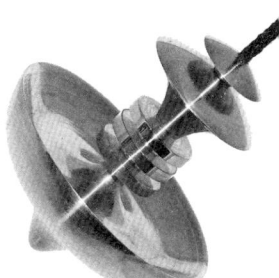

❏ Puede desplazarse en un círculo perfecto hacia la izquierda o hacia la derecha.

❏ Puede oscilar en diferentes direcciones, hacia delante o hacia atrás, oblicuamente o de través.

Cada uno de estos movimientos puede aportarle una información precisa relacionada con la pregunta que se le haya cuestionado. Por eso, antes de iniciar una búsqueda, debe establecer una convención mental para determinar el significado de los distintos movimientos del péndulo. Una vez superada esta etapa, debe concentrarse en la búsqueda del objeto, dejando que su subconsciente induzca los movimientos requeridos a su péndulo manteniendo la mano lo más pasiva posible.

> **Movilidad excesiva del péndulo**
>
> Ciertas personas pueden detectar una movilidad excesiva del péndulo que puede explicarse por diversas causas:
>
> - El radiestesista puede mostrar una falta de concentración o neutralidad. Por eso es importante dejar la mente en blanco antes de afrontar esa situación.
> - Los giros del péndulo pueden deberse a una gran sensibilidad por parte del operador. Se puede disminuir los efectos de dicha sensibilidad motriz suspendiendo el péndulo entre el pulgar y el dedo corazón, en vez de entre el pulgar y el índice. Lo que evitará inducir un movimiento voluntario de vaivén al péndulo en el momento de la búsqueda.

Cómo trabajar con los tres tipos de vara

Las varillas de radiestesia pueden tener cualquier medida, ser de cualquier material y pueden incluir mangos en su lado más corto o no incluirlos en absoluto.

La longitud de los dos lados suele tener relación de 3 a 1 para ser equilibrada.

Con frecuencia las varillas en L suelen hacerse de cobre o latón, y tienen mangos de cobre o plástico en sus extremos más cortos, esto facilita que la varilla gire con libertad.

De todas formas las asas no son imprescindibles, y si estima que la relación de ambos lados no es equilibrada, puede recortarlas fácilmente, deje que le guíe su intuición, las varillas no son más que un indicador.

La primera vez que el aprendiz de zahorí comprueba el movimiento de las varillas suele experimentar una sensación de sorpresa mientras trata de adivinar qué extrañas fuerzas dirigen el instrumento. Pero una vez superada la sorpresa el radiestesista se centra en tratar de encontrar respuestas a sus preguntas. Eso significará que ha entrenado bien el subconsciente. Comprobará entonces que la vara y el péndulo solo juegan un papel secundario en todo este proceso, limitándose a hacer visibles los movimientos del péndulo o varilla. Los reflejos neuromusculares del zahorí influyen sobre el instrumento y hacen visible la respuesta del subconsciente.

Las varillas en forma de Y

Se trata de la varilla más conocida. Para sostenerla:

- Empúñela con las palmas hacia arriba, con los pulgares hacia fuera y por encima de la vara.

- Debe apoyar los codos sobre el cuerpo.
- Sosténgala a la altura del plexo solar, en posición horizontal o bien ligeramente elevada respecto a la horizontal.
- Con las extremidades de la varilla separadas encontrará que se produce una potente tensión del instrumento. Al menor movimiento de las manos se inclinará hacia arriba o hacia abajo, en lo que se conoce como «el salto» de la vara. Existe una variación de este movimiento, y es que algunos radiestesistas suelen girar la vara hacia el pecho en vez de hacia delante.

Se trata de la técnica más empleada por los radiestesistas. Hay que decir que la manera de empuñar la vara tiene una influencia relativa sobre los resultados obtenidos. Lo que sí es importante es que se trabaje con la flexibilidad y relajación necesarias.

El llamado «salto» de la vara, que se puede producir hacia arriba o hacia abajo corresponde a una respuesta afirmativa a la pregunta que se le haya formulado. Cuando el radiestesista busca algún tipo de objeto, material o sustancia bajo el subsuelo la vara suele moverse hacia abajo.

La vara en forma de L o de horquilla

Para emplear este tipo de vara:

- Tome una vara en cada mano, por el extremo más corto.
- Con los codos apoyados sobre los lados, mantenga las partes largas de forma horizontal y de manera paralela.

- Puede mover la vara de tres maneras diferentes: Pueden cruzarse entre ellas, alejarse una respecto a la otra o bien que permanezcan en paralelo y orientándose hacia la misma dirección.

El zahorí suele adoptar algún tipo de convención mental para determinar el significado de los movimientos.

La vara recta

Se trata de una vara que se estrecha de un extremo a otro y que hay que sostener en equilibrio con una mano por su extremo más fino. El movimiento de la vara de abajo a arriba suele ser una respuesta afirmativa, mientras que el movimiento lateral indica una respuesta negativa.

Al aproximarse a una corriente subterránea la vara forma un arco cuya parte más pesada marcará la dirección del suelo.

El péndulo hebreo

Se trata de un cilindro de madera de «haya» elaborado artesanalmente. Cuenta con dos caras una lisa y otra estriada además tiene una perforación en el centro por donde pasa una cuerda de algodón que permite su movimiento para invertir su posición.

Se relaciona con el conocimiento ancestral ya que utiliza el alfabeto hebreo como base, donde cada letra hebrea tiene un valor simbólico e incluso sagrado. Cada uno de estos caracteres genera una vibración específica provocando un cambio de resonancia y de sintonía a niveles sutiles, hasta su densificación en el cuerpo.

Tiene la facultad de detectar y sanar, esto es, ayuda al diagnóstico y a la curación. Su parte lisa sirve para detectar las alteraciones del campo electromagnético que pueden causar desarmonía e incluso enfermedad en la persona. Por otro lado, su parte ranurada se utiliza para emitir energía que sana y equilibra.

Ejercicios con el péndulo

Hay una serie de ejercicios previos que pueden ayudar a futuros trabajos con el péndulo y que pueden servir para la práctica sobre el terreno.

Por ejemplo el test de las monedas:

❏ Coloque dos monedas idénticas separadas por unos cm de distancia sobre una mesa recubierta con una tela de color uniforme.

❏ A continuación suspenda su péndulo sobre ambas monedas, a pocos cm de la mesa.

❏ Recupere un estado de neutralidad mental manteniendo los ojos entornados o bien con la mirada fija en un punto entre ambas monedas.

❏ El péndulo realizará largas oscilaciones entre una moneda y otra o bien realizará movimientos circulares entre ambas.

❏ A continuación sustituya una moneda por otra. El péndulo, en estas circunstancias, permanecerá inmóvil o bien empezará a describir movimientos desordenados.

Otro ejercicio muy práctico consiste en:

❏ Dibujar en un papel en blanco una flecha vertical, una flecha horizontal, un círculo en el sentido de las agujas del reloj, y un círculo en el sentido contrario a las agujas del reloj.

❏ Sostenga el péndulo por encima de uno de los símbolos, y a continuación, sin mover la mano, ni la muñeca, ni los dedos, solo con el poder de la mente, trate de conseguir que se mueva en la dirección de la flecha sobre la que está. Primero la flecha vertical, después la horizontal, seguidamente el círculo en sentido de las agujas del reloj, y finalmente el círculo que va en contra de las agujas del reloj.

❏ Sitúe el péndulo encima de la imagen del giro en el sentido de las agujas del reloj, y haga que el péndulo haga este movimiento. Cuando lo haga, diríjase a su mente subconsciente y dígale con autoridad: «Este movimiento significa Sí». Con el otro giro, actuaremos del mismo modo, a medida que gire, le diremos a la mente subconsciente, con firmeza: «Este movimiento significa No».

❏ Repita este ejercicio durante una semana para que el conocimiento se quede anclado en el subconsciente.

Convención sobre el movimiento del péndulo

Entre usted y el péndulo debe establecer un código con el fin de permitir una comunicación real con su subconsciente. Por ejemplo:

❏ Un movimiento circular del péndulo en el sentido de las agujas del reloj quiere decir Sí.

❏ Un movimiento circular en sentido inverso significa No.

❏ La inmovilidad del péndulo indica una cuestión imprecisa, una duda respecto al contenido de la pregunta o una negativa del subconsciente a comunicar la respuesta.

❏ Las oscilaciones son el resultado de un movimiento de arranque inculcado involuntariamente al péndulo o también puede indicar una dirección a seguir.

Al principio de la búsqueda el péndulo debe estar en posición neutra o posición de búsqueda. En algunos casos el péndulo restará inmóvil mientras que en otros esta posición de búsqueda significará un movimiento elíptico o bien en línea recta. Si las preguntas están mal planteadas o son demasiado vagas, la respuesta será siempre ambigua.

Es importante recurrir al subconsciente para descubrir datos desconocidos. Para ello será necesario ejercitarse con alguna práctica previa. Por ejemplo tratar de descubrir una cifra:

❏ Sobre una superficie homogénea disponer tres hojas de cartón idénticas, como tres tarjetas de visita. En el dorso de una de ellas habrá escrita una cifra.

❏ Baraje las tarjetas y colóquelas una al lado de la otra. Con el péndulo en la mano, trate de que se haga el silencio a su alrededor y su mente se halle en un estado de quietud y paz.

❏ Sitúe al péndulo sobre la primera tarjeta y formule una pregunta como la siguiente: «¿Hay un ocho escrito en esta tarjeta?». Repita la operación sobre cada tarjeta y verifique la respuesta del péndulo.

❏ Puede repetir el ejercicio pero esta vez escondiendo un objeto de su propiedad en una habitación o espacio pequeño y accesible. Trate de que una persona de su confianza esconda un anillo, un reloj o una agenda. Deje su mente en blanco y suspenda el péndulo alejando su brazo del cuerpo lo máximo posible. Doble el codo de su brazo izquierdo e indique una dirección con la ayuda de su mano izquierda. Cuando el péndulo le haya indicado la dirección en la que está escondido el objeto buscado, camine lentamente en esa dirección. Sitúe su mano izquierda en los diferentes lugares en los que podría estar escondido el objeto hasta que lo encuentre.

Detectar la presencia de agua

El agua circula en el subsuelo más o menos como lo hace en superficie. Hay una serie de corrientes parecidas a ríos o los arroyos, como si fuesen «venas de agua» asegura la creencia popular. En base a esto podrían hacerse mapas del subsuelo, en los que se podrían pintar una serie de líneas o conductos de agua, similares a los ríos y arroyos que corren por la superficie.

Establecer una comunión física o psíquica con el agua

Para conseguir una comunión física o psíquica con el agua trate de seguir los siguientes pasos previos al trabajo del zahorí sobre el terreno.

❏ Instálese en un lugar en plena comunicación con el líquido elemento: un río, un estanque, un lago, etc., y trate de comunicarse con el agua.

❏ Nuestro organismo está compuesto básicamente por agua, de manera que trate de establecer una cierta relación o paralelismo entre el agua que le rodea exterior y el agua interior de su organismo.

❏ Medite sobre las diferentes propiedades o cualidades del agua, su grado de fluidez, su temperatura, su capacidad de cambiar de estado, etc.

Método de triangulación

La triangulación consiste en utilizar el concepto de punto más alejado de una forma más eficaz. Para llevarlo a cabo se debe preguntar dónde está un objeto desde dos puntos alejados. En todo momento se debe recordar la trayectoria del movimiento que ha realizado el péndulo, uniendo las dos líneas imaginarias que trace el péndulo o la vara.

❏ Sitúese en un extremo del terreno a estudiar.

❏ Sostenga el péndulo con el brazo extendido paralelo al suelo y los dedos en punta para indicar una dirección.

❏ Gire suavemente sobre sus pies verificando con el péndulo si hay un punto de agua en la dirección indicada.

❏ Cuando haya descubierto la dirección de un punto de agua, sitúe tres o cuatro estacas en esa dirección, separadas pero a la vista una de otra.

❏ Sitúese en el otro extremo del terreno y repita las mismas maniobras.

❏ El cruce entre las dos líneas de estacas le indicará el punto aproximado del punto de agua.

❏ Determine un segundo campo de exploración de algunos metros cuadrados y cuyo centro sea el cruce de las dos líneas trazadas por las estacas.

❏ Cuando haya encontrado la dirección de un punto de agua, establezca una convención según la cual su péndulo le indique, mediante el número de giros, la distancia que le separa del agua. Al obtener una respuesta, recorra la distancia requerida y efectúe una verificación por encima del punto obtenido.

Evaluar la profundidad y calidad del agua

El trabajo del zahorí no solo consiste en encontrar vetas de agua, también es preciso evaluar la profundidad y la calidad del agua.

Con el fin de saber la distancia a que se encuentra el agua se pueden realizar una serie de preguntas y obtener la respuesta por eliminación: ¿Está el agua a menos de 10 m de profundidad? ¿Se halla entre 10 y 20 m? ¿O más allá de 25 m? También puede decidir que cada vuelta de péndulo corresponda a una cierta medida: 1 metro, 10 metros, etc.

La regla del obispo

En 1780, un joven pastor buscador de agua, llamado Barthelemy Bleton, descubrió el método de calcular la profundidad en función de las distancias detectadas en la superficie. Como estas pruebas eran supervisadas por el obispo de Grenoble, a dicho procedimiento se lo denominó «regla del obispo», esto es, la distancia recorrida a partir de la vertical del punto de agua es igual a la profundidad.

Por la «regla del obispo», la profundidad en un terreno horizontal es igual a la distancia entre A y B1 o entre B1 y C. En un terreno en pendiente, la profundidad es igual al promedio de las dos distancias mencionadas.

El punto A indica: el punto de inicio de tensión (la varilla empieza a moverse según la convención mental). No indica el borde lateral del curso del agua

> subterránea sino solo su proyección sobre la superficie: el ancho que se percibe en la superficie no es el real, sino el proyectado.
>
> Los puntos Bl y B2 indican: el comienzo y final de la zona de máxima tensión (la horqueta se mantiene verticalmente). Es una proyección en la superficie, de los bordes de la vena de agua.
>
> El punto C indica: el punto final de la tensión (la varilla retorna a su posición normal). Recuerde que este punto es una proyección en la superficie y no señala el otro borde lateral del caudal.
>
> Conviene confirmar los puntos A, Bl, B2 y C, realizando el recorrido a la inversa, desde C hasta A. Entonces, en C sentiremos el punto exacto donde se inicia la tensión, en Bl y B2 el punto máximo de tensión y en A el fin de la tensión.

El péndulo o la vara también pueden determinar la calidad del agua, es decir, su salubridad o sus características minerales, si se trata de aguas ferruginosas, saladas, etc.

Otros instrumentos de investigaciones

Una vez superada la fase de las preguntas con respuesta cerrada tipo Sí o No, es hora de ampliar el abanico de instrumentos de investigación. En ciertas formas de búsqueda los resultados pueden no ser del todo precisos o no proporcionar toda la información deseada. Por eso existen otros métodos alternativos a la hora de trabajar con los instrumentos de radiestesia.

El método de la regla de medir

Se trata de herramientas muy útiles para interrogar al péndulo y se desea obtener una respuesta directa en cifras. Con una regla de unos diez centímetros será suficiente, ya que puede aplicarse tanto a unidades como a decenas, centenas, millares, etc. Una regla de esas características tiene en cuenta las características oscilatorias del péndulo y además no crea confusión en el espacio que hay entre las distintas marcas.

❏ Establezca, en primer lugar, una convención mental, determinando el valor de las cifras indicadas en la regla. Así, por ejemplo, 1 cm puede equivaler a 1 m o bien a 10 m, como prefiera.

❏ A continuación haga oscilar el péndulo a unos tres cm del medio de la regla de medir, por ejemplo sobre el número 5 si la regla es de 10 cm.

❏ Formule una pregunta y el sentido en el que oscile el péndulo le indicará la respuesta en cifras.

Existe una alternativa que algunos avezados zahoríes practican y consiste en lo siguiente:

❏ Como en el método anterior, establezca una convención mental para cada cifra de la regla, pero esta vez sitúe el péndulo sobre el número 0. Formule su pregunta y verá cómo el péndulo oscila a lo largo de toda la regla.

El método de los diagramas

Existen tres tipos de diagramas, los que tienen forma de tabla, los diagramas-dibujo y los circulares o semicirculares.

Los diagramas en forma de tablas

La gran ventaja de este tipo de diagramas es que en ellos todos los datos están presentes para poder establecer un diagnóstico o realizar una prescripción.

Hay que procurar que cada elemento esté situado en el interior de una casilla para que esté bien aislado del resto, así el péndulo reaccionará únicamente ante un elemento cuando sitúe el péndulo por encima. Los diagramas pueden emplearse en la prospección de minas, en la orientación profesional, etc.

El diagrama en forma de tabla supone ganar un tiempo precioso al seleccionar la categoría que se precisa. En una tabla de cinco columnas, por ejemplo, el zahorí puede situar su dedo sucesivamente sobre el encabezamiento de cada columna hasta que el péndulo reaccione afirmativamente. Si el péndulo marca la columna dos puede explorar a continuación los datos de esa columna directamente.

Los diagramas dibujo

Se emplean principalmente en radiestesia médica. Se trata de unas láminas anatómicas en las que el péndulo se desplaza ante unas preguntas determinadas.

> **Radiestesia médica**
>
> **La sensibilidad del radiestesista y su instrumento permite detectar cualquier desajuste o desequilibrio en el comportamiento bioenergético de cada uno de los sistemas, aparatos, órganos, glándulas del cuerpo humano. Asimismo cualquier desequilibrio bioenergético en auras, chakras y meridianos también podrá ser detectado.**

Existen varias técnicas para poder hacer un diagnóstico.

- **Directamente sobre el cuerpo del paciente:** El péndulo, al moverse, dará ciertas respuestas a las preguntas formuladas por el radiestesista.
- **Usando diagramas del cuerpo o de los órganos:** Al conectarse con el paciente a través de una lámina o diagrama se podrá realizar un diagnóstico y la consiguiente sanación.

Aplicaciones de la radiestesia

La aplicación de la radiestesia es muy amplia: se utiliza para obtener respuestas, conocer la personalidad del individuo, sus aptitudes, sentimientos, su carácter, la compatibilidad de dos seres, aunque lo más común es emplearla para encontrar objetos, personas, mascotas, etc.

Las aplicaciones de la radiestesia pueden ser muchas:

❏ Consulta radiestésica: También llamada «prospección», se trata de una entrevista personal en la cual una persona puede preguntar sobre diversos temas de su interés. Puede consultar sobre su persona, el trabajo, la vivienda, la familia, proyectos, inversiones, decisiones que deba tomar, etc.

❏ La comprobación de estado de los alimentos y la potabilidad del agua.

❏ Localización de personas, objetos o animales perdidos mediante objetos testigos o mapas.

❏ Localización de agua: Mediante esta técnica se intentan ubicar ríos subterráneos o lugares aptos para la construcción de pozos en lugares con problemas de falta de agua.

❏ Localizaciones geográficas: Se ubicará una zona geográfica apta u óptima para un determinado fin, como puede ser de aplicación en la agricultura, minería, ganadería, o bien encontrar el mejor lugar para construir una vivienda, instalar una fábrica, abrir un comercio u oficina, etc.

❏ Armonización de personas: se armonizan los campos energéticos o chakras, desbloqueando la energía de todos ellos. El resultado es un equilibrio energético que nos proporciona bienestar y salud. Esta técnica se puede complementar con otras terapias como técnicas ayurvédicas, medicina sinergética, reiki y terapia de vidas pasadas.

❏ Armonización de viviendas y negocios: Localización de ondas telúricas nocivas, medición de posibles malas energías en el lugar, etc.

Ética en la búsqueda radiestésica

Como sucede con casi todas las habilidades prácticas, es necesario tener siempre presente una serie de medidas de seguridad y un código de práctica profesional. La mayor parte de los consejos resultan del todo obvios, pero no por ello deben dejar de enunciarse para ejercitarse en una buena praxis.

Este código de seguridad puede reducirse a cuatro puntos clave: una cuestión de nivel, una cuestión de responsabilidad, una cuestión de beneficios y una cuestión de necesidad.

Cuestión de nivel

En radiestesia lo mejor es siempre buscar la forma más sencilla de llevar a cabo el proceso. Y ello consiste en emplear métodos físicos, después de todo los cuerpos no son más que estructuras físicas creadas para funcionar en el mundo.

En la mayor parte de las situaciones, el nivel más bajo de complejidad es el trabajo físico, inferior siempre a los métodos mentales. Es más simple usar un instrumento que practicar la radiestesia sin él. Cuanto más alto es el nivel de complejidad, más elevado será el grado de control subjetivo necesario para producir resultados seguros. Por tanto, aunque es posible emplear la radiestesia para abordar cualquier problema, en muchos casos no es conveniente hacerlo. Utilice el más bajo nivel de práctica en todo lo que no sea trabajo experimental y, si puede disponer de métodos físicos y herramientas –como un detector de metales– entonces úselos. No use la radiestesia como sustitutivo del sentido común.

Cuestión de responsabilidad

Una vez comience a trabajar seriamente en radiestesia descubrirá que todos los objetos con los que trabaja parecen tener mente propia. Personas, plantas, minerales, metales, piedras, se consideran imágenes en radiestesia. Lo cierto es que todos ellos pueden actuar como mentes semiindependientes.

Como en radiestesia se opera en el mundo mental, se ha de observar y ser responsable de las reacciones y necesidades de estas entidades. Los seres humanos no actuamos de manera responsable con respecto al mundo físico. Día a día, el hombre aumenta su control sobre las fuerzas ciegas de la Naturaleza. Pero no se trata de un proceso unilateral sino que se trata de un sistema de interacción a múltiples niveles.

En radiestesia se trabaja con el mismo sistema de interacciones: los resultados de cualquier error nos son devueltos con más rapidez y mayor fuerza, puesto que, cuanto más alto es el nivel operativo, más veloces y más fuertes son las respuestas. Por tanto, antes de acometer cualquier empresa, especialmente si se trata de un trabajo de alto nivel, espere hasta tener al menos alguna idea de lo que está haciendo y cuáles son las fuerzas con las que está tratando.

Los beneficios del radiestesista

Como cualquier otro trabajo, el radiestesista debe percibir una remuneración por su trabajo. Pero si sus honorarios están muy por encima de su trabajo, dé por seguro que los resultados no serán los esperados y fallarán de un modo sutil. Esto es un hecho empírico: no es posible obtener y conservar a largo plazo grandes sumas ganadas con la radiestesia.

Y es que, si la mente se queda clavada en la idea del beneficio, se obstruirá la acción de cualquier otra muestra cualitativa. Y eso le llevará a henchir su orgullo y su arrogancia. El ego puede ejercer una horrible influencia en materia de radiestesia. Por eso hay que ser, en todo momento, humilde y escéptico.

La necesidad sí, no el deseo

La radiestesia tiende a funcionar de acuerdo con la necesidad y no con el deseo. Cuanto más necesite los resultados, más seguros serán. Y a la inversa, cuanto menos los necesite, más erróneos le resultarán. Si no precisa los resultados, «algo» obstaculizará su recepción (recordemos que se trata de un proceso intuitivo).

Las intenciones con las que el radiestesista actúa juegan un papel esencial ante la validez de los resultados. Por lo tanto debe estar seguro de sus intenciones, esto es, antes de comenzar cualquier operación, ser consciente del porqué de la misma.

Las cuestiones anteriormente descritas funcionan como mecanismos de seguridad y protegen al radiestesista de los errores. Pero recuerde que siempre, siempre, debe emplear la intuición como mecanismo de protección.

Conocer distintas personalidades

El uso de la radiestesia para conocer el carácter de una persona es bastante reciente. La radiestesia psicológica o psicorradiestesia es una disciplina en la que se puede ayudar a la gente a encontrar en sí mismas fuentes de energía y sabiduría.

Pero antes de sondear el alma humana es preciso realizar unos ejercicios previos. Por ejemplo tratando de adivinar el sexo de una persona.

❏ Recorte la fotografía de un hombre y de una mujer de un periódico o revista cualquiera.

❏ Corte ambas fotos en dos trozos.

❏ Meta los cuatro recortes en cuatro sobres similares y opacos.

❏ Pase el péndulo por encima y establezca las preguntas oportunas de cara a reconstruir ambos rostros.

❏ Repita el ejercicio anterior pero esta vez complicando un poco la historia: recortando cada imagen no en dos sino en cuatro trozos primero y en ocho trozos después.

❏ Ahora trate de hacer lo mismo pero con la imagen de dos mujeres y de dos hombres.

Descubrir el origen de los males

Es importante que el radiestesista aprenda también a conocerse a sí mismo. Su mente ha de ser un espejo perfecto para su capacidad radiestésica. Si no se produce ninguna interferencia de tipo intelectual o psicológico, el reflejo radiestésico se producirá sin interferencias ni ambigüeades.

El subconsciente va acumulando a lo largo de nuestra vida todo tipo de traumas, conflictos familiares, carencias emotivas, etc. No en vano posee la clave de sus comportamientos hacia sí mismo y hacia los otros. La mayoría de problemas psicológicos se remontan a la infancia. Fobias, manías y ciertas alergias se desarrollan en estos primeros años de vida. En cambio, los complejos descansan sobre una imagen falseada de la persona que se ha ido construyendo a lo largo de los años.

Se suelen formular preguntas y subpreguntas a medida que tiene lugar la toma de conciencia de cada nueva situación, dejándose llevar por la inspiración. Las preguntas, no obstante, deben ser muy claras, como en todo tipo de búsqueda radiestésica. La persona que busca respuestas sobre sí mismo puede preguntar al péndulo si hay algún suceso en particular relacionado con el problema que le preocupa, tratando de averiguar, eso sí, la edad que tenía cuando se produjo el suceso. Determine también si el problema se originó en soledad o bien junto a otras personas: ¿Había alguien conmigo? ¿Estaban mis padres presentes? ¿Sucedió en casa o en la escuela? ¿Sucedió en época de vacaciones? ¿Durante el verano? Las respuestas le conducirán a nuevas preguntas que le ayudarán a esclarecer el suceso.

Tras una sesión de preguntas y respuestas, puede que el suceso se haya vuelto evidente y las respuestas del péndulo le hayan llevado a una conclusión. El simple hecho de compartir el origen del sufrimiento puede implicar muchas veces su propio fin.

Pero si desea profundizar aún más en el conocimiento de sí mismo puede emplear otro método de investigación bastante práctico.

❏ En primer lugar pida permiso al subconsciente para saber más de sí mismo.

❏ Lance sobre el papel todas las palabras que tengan un poderoso impacto neuroafectivo, siguiendo la estela del método de la escritura automática, escribiendo fragmentos de frases que le vengan a la mente.

❏ Elabore una tabla con dos columnas; en la primera ponga los años de manera correlativa, mientras que en la segunda tabla debe poner, de manera desordenada, una serie de palabras clave (padre, madre, miedo, accidente, goce, abandono, araña, serpiente, etc.)

❏ Formule la pregunta: ¿A qué edad se produjo el suceso? Y, con el péndulo, pase revista en cada caso de la columna de los años. A continuación pregunte qué sucedió, y lleve de nuevo el péndulo hacia las palabras clave.

Lo importante de todo este proceso es que produzca auténticas tomas de conciencia en usted, si bien el ejercicio puede perturbarle notablemente, y de ello tiene que ser consciente antes de que inicie su andadura.

De todos modos, no vea en este método una técnica terapéutica sino más bien un instrumento de diagnosis.

La radiestesia, además de ofrecerle la posibilidad de saber más sobre usted o los demás, también le ofrece la posibilidad de realizar elecciones profesionales, esto es, saber el futuro profesional de uno de sus hijos, por ejemplo. Para ello debe elaborar un tipo de tablas que integren el máximo número posible de categorías y subcategorías. Y proceda con el péndulo de la misma manera, preguntando sobre su futuro profesional.

Búsqueda de goteras

En este caso se trata de empezar por el aspecto más obvio: encontrar la tubería. Utilice las técnicas posicionales y direccionales, teniendo en la mente con claridad la idea o imagen de la tubería. Una vez encontrada, siga su curso por medio de una técnica de rastreo. Comience por el extremo conocido y siga su curso.

Mantenga en su mente la idea de que está buscando un escape, una clase de continuidad o cambio en la condición normal de una tubería.

La idea es que cuando usted cruce el punto en el que se halla el escape, el instrumento ha de pasar de una reacción de rastreo a una reacción posicional. Marque ese punto y utilice la técnica correspondiente para encontrar la profundidad del escape.

Uno de los mejores instrumentos para atacar este problema son las varillas en ángulo, puesto que estas tienen diferentes reacciones para algo situado sobre la línea y para algo que cruce la línea aparente. Otros instrumentos no indican esta diferencia.

En todo caso, recorra siempre toda la longitud de la tubería, ya que puede haber más de un escape. Nunca suponga que haya una sola. A veces las conclusiones obvias son las más evidentes.

Las obstrucciones y brechas se tratan de la misma forma que los escapes, con la diferencia de que mientras se rastrean, se ha de buscar una clase diferente de discontinuidad, y esa idea ha de presidir la mente del radiestesista. Hallar la discontinuidad no es lo mismo que repararla.

Búsqueda de agua

La búsqueda de un abastecimiento de agua es muy similar a la búsqueda de un escape. Pero es algo que no se debe emprender al azar por una serie de razones. En primer lugar, el coste: cavar un pozo de agua es algo muy costoso, aunque sea de poca profundidad. Por esta razón los errores pueden resultarle caros.

Se trata nada más y nada menos que de tomar las varillas y moverse hacia el punto de corriente que haya cercano. Después, seguir la línea que marquen las varillas hasta situarse sobre la misma corriente. Una vez allí, las varillas señalarán en la dirección descendente.

Localizar una veta de agua es relativamente sencillo. La tarea se complica cuando hay que saber la calidad del agua, a qué profundidad se encuentra, bajo qué área de superficie, cuánta cantidad de agua, etc. Los zahoríes más expertos combinan todas las preguntas en una muestra mental compleja. Algo así como: «busco una fuente de agua, que tenga un caudal de por lo menos dos mil litros de agua diaria, que sea potable y que se halle a una profundidad no superior a los treinta metros». Formule una pregunta así con la mayor claridad y precisión posibles.

Además del manto freático local existen todas las pequeñas filtraciones en la superficie producidas por las lluvias recientes. Estas aguas no sirven para nuestros fines, puesto que lo que hemos de encontrar son los pequeños canales, las fisuras por las que discurre el agua y que existen incluso en las zonas más secas.

Las fisuras son relativamente constantes en lugar y profundidad y, en muchos casos, sus corrientes varían muy poco según las estaciones.

Utilice la «regla del obispo» mencionada anteriormente para la localización del agua. Si utiliza esta regla en una colina debe descontar el ángulo de inclinación de la pendiente. Advierta que, al igual que en la parte posicional de la búsqueda de escape, puede ocurrir que la primera profundidad no sea la verdadera, y que tras varias profundidades aparentes, sea necesario determinar cuál es la correcta.

Cuando realice las perforaciones, compruebe la posición y el ángulo de perforación del aparato en todo momento.

Búsqueda de minerales

Por medio de la radiestesia es posible buscar cualquier tipo de minerales, de la misma manera que se hace para buscar agua: se pueden emplear muestras físicas o bien una lista de minerales o bien una muestra mental mediante visualización.

El radiestesista experto ha de establecer no solo la presencia del mineral sino también su concentración en un punto determinado, la forma y el tamaño de la veta. Resulta inútil indicarle al operador de una taladradora cuál es el área general del manto, pues lo que precisa saber es la posición exacta de la bolsa para saber en qué lugar ha de comenzar a perforar.

El mejor método para aplicar este trabajo es por medio del sistema de preguntas con Sí-No. Trate de analizar a qué clase pertenece la sustancia y después avance hacia cuestiones cada vez más específicas. Por ejemplo, averigüe si se trata de una sustancia orgánica o inorgánica. Si es inorgánica, la tarea será relativamente sencilla, pues solo existen algunos miles de compuestos inorgánicos, mientras que son varios cientos de miles los compuestos orgánicos.

Encontrar personas

En radiestesia hay dos métodos fundamentales para encontrar objetos y personas perdidas:

❏ Buscar en un plano o mapa.

❏ Buscar directamente en el lugar donde se piensa puede estar esa persona.

En el primer caso, se suele dividir el mapa en cuadrantes. El péndulo se hace oscilar sobre cada cuadrante preguntando en cada caso: ¿El objeto o persona perdida se encuentra en este cuadrante? Después que se ha determinado el área, el siguiente paso es ir «barriendo» con el péndulo con la finalidad de esperar dónde dibuja este el lugar exacto en que pueda encontrarse.

En el segundo caso, si se trata de buscar algo en el propio lugar de la pérdida, el radiestesista suele ubicarse en la puerta misma y preguntar al péndulo si el objeto buscado se encuentra allí. Si la respuesta es afirmativa, entonces la siguiente pregunta es: ¿En qué dirección se encuentra? La respuesta suele ser una oscilación hacia el lugar donde está el objeto. A medida que más se practica la técnica para encontrar personas y objetos perdidos, más probabilidad de éxito se tiene.

Encontrar animales perdidos

Uno de los encargos más comunes que reciben los zahoríes es el de buscar algún animal doméstico extraviado. Existen dos métodos para esto: el primero consiste en mostrar a la persona que ejerce la búsqueda una imagen del animal perdido, o bien unas hebras de su pelo, su manta, sus juguetes, etc., y emplear las técnicas posicionales y direccionales conocidas.

Un segundo método consiste en trabajar sobre un mapa, partiendo del punto en el que el animal fue visto por última vez y rastrear desde ese lugar. Se puede emplear una imagen mental del animal, para lo cual pedirá a su propietario que le describa su forma, tamaño, color y otras características. También le puede pedir al propietario que le ayude con su propia muestra mental mientras el zahorí trabaja. Utilice todas las técnicas que se le ocurran para afrontar este problema: una de ellas puede ser la de formular una serie de preguntas mentales en esa dirección.

Otras aplicaciones

Mucha gente puede no tener demasiado claras las nociones de orientación cuando se internan en un bosque. Tener claros ciertos puntos de referencia es fundamental a la hora de hacer una caminata en el monte y saber hacia qué lugar debemos dirigirnos en cualquier momento. Aun así, demasiadas personas se pierden por no saber tomar el camino correcto.

El buen zahorí debe recurrir a su sexto sentido para encontrar la senda adecuada en todo momento.

Ya sea con un péndulo o con una vara, el principio de orientación mediante la radiestesia es simple: manténgase derecho y, mientras enuncia su convención mental, gire lentamente sobre sus pies hasta que el péndulo o la vara reaccionen según esa convención.

Un ejemplo de convención con el péndulo sería: «Cuando mi brazo izquierdo apunte hacia el norte, mi péndulo girará».

También existe la técnica de la oscilación direccional, en la que el zahorí permanece inmóvil y pregunta, por ejemplo, al péndulo: «¿En qué dirección está el norte?». La dirección de oscilación indica en principio la dirección buscada. Con la vara, la convención será del tipo: «Cuando la vara apunte al norte, se inclinará hacia abajo».

Cuanto menos claro tenga cuál es la buena dirección que hay que tomar, menos falseará su resultado. Solo podemos orientarnos con el péndulo o la vara cuando estamos perdidos.

Una vez haya trabajado girando sobre sus pies, siempre podrá realizar verificaciones formulando preguntas que puedan responderse con un Sí o con un No.

Es posible encontrar tanto los cuatro puntos cardinales como los puntos intermedios, aunque sin duda es preferible siempre buscar el norte, ya que este punto ejerce de hecho en todos los seres vivos una polarización magnética nada despreciable. De este modo se transformará en una brújula viviente y podrá localizar por deducción el resto de puntos cardinales.

Al formular su pregunta tenga también en cuenta que la dirección indicada puede no ser necesariamente el camino a tomar. Entonces especifique mejor la pregunta: «¿Cuál es la mejor dirección para ir a...?». Una vez sorteado el obstáculo natural, será necesario interrogar de nuevo al péndulo o a la vara.

Ejercicio de la técnica de rotación

Este ejercicio le servirá como prueba para orientarse si alguna vez se pierde en la montaña.

- Diríjase a una gran estancia de la casa, a ser posible de noche.
- Mediante una brújula trate de identificar los cuatro puntos cardinales.
- Trate de que la estancia esté a oscuras, sin referencias exteriores, cierre los ojos y procure que no haya indicios luminosos que le puedan ayudar.

- **Gire sobre sus pies para perderse completamente y quédese inmóvil.**
- **Mediante la técnica de la rotación, intente descubrir su sentido actual. Podrá sentir la reacción de la vara o el péndulo.**

Armonía con la naturaleza

Uno de los conceptos clave en radiestesia aplicada a la naturaleza es el concepto armonía. Por ejemplo, al plantar un árbol no hay que valorarlo en función del mejor sitio donde estará sino que hay que pensar: «¿Dónde estará este árbol más en armonía con las plantas que hay alrededor?».

Esta idea debe extenderse a otros ámbitos de actuación de la radiestesia. Por ejemplo en el ámbito de la alimentación. Hay radiestesistas que, ante un determinado alimento, utilizan el péndulo para preguntar si está en armonía con la naturaleza de la persona. Si el péndulo señala el No, será necesario averiguar el motivo: ¿Hay demasiada comida? ¿Soy alérgico a un ingrediente?

Hay varias posibilidades en la forma de diagnosticar: no solo hay que averiguar qué es lo dañado o lo que funciona mal sino también de averiguar si se trata de un exceso de algo que no debería estar allí o de una carencia de algo que debería estar. En los análisis agrícolas hay que verificar el suelo para ver si se halla presente alguna enfermedad o toxina o si se trata de un exceso o defecto de alguna sustancia.

Este método, si se lleva con una cierta regularidad, es una forma simple para los granjeros y campesinos de averiguar el estado de las cosechas y existencias. Es un excelente programa de trabajo para comprobar si existe algún desarreglo y evitar un análisis demasiado extenso y probablemente innecesario.

Llevando esta idea de la armonía más allá, resulta posible determinar qué plantas son afines entre sí y cuáles son incompatibles. Use las preguntas mentales para comparar plantas o semillas, e incluso las descripciones de plantas contenidas en el catálogo de la tienda de semillas.

Otro método usado por los zahoríes es sostener un péndulo entre dos tipos de plantas y observar si el instrumento oscila o gira. El zahorí ha de determinar qué significa cada reacción puesto que, como sucede habitualmente, hay diferencias entre las distintas personas.

Radiestesia médica

Los pacientes suelen dar descripciones muy confusas acerca de sus problemas, por lo que el diagnóstico convencional suele reducirse al nivel de una adivinanza inteligente la mayor parte de las veces.

Se puede dividir el uso de la radiestesia en el campo médico en dos grandes conceptos: el diagnóstico y el tratamiento.

La sensibilidad del radiestesista y su péndulo permiten detectar cualquier desajuste o desequilibrio en el comportamiento bioenergético de cada uno de los sistemas, aparatos, órganos o glándulas del cuerpo humano. La radiestesia ofrece la posibilidad de poder obtener respuestas muy precisas sobre la condición de los órganos.

Existen varias técnicas para poder hacer un diagnóstico:

❏ Sobre el cuerpo del paciente, moviendo el péndulo, que dará las respuestas oportunas a las preguntas planteadas.

❏ Sobre los diagramas o dibujos del cuerpo o de los órganos. Se trata de conectarse con el paciente mediante una representación de su cuerpo para poder hacer un diagnóstico adecuado.

❏ Usando un listado de posibles enfermedades: El radiestesista podrá establecer la patología que tenga un órgano pasando el péndulo por encima de un listado de órganos y enfermedades.

Respecto al tratamiento, la radiestesia puede estimular la capacidad de autosanación que todo órgano viviente posee. Y lo puede hacer mediante tres grandes procesos:

❏ **La limpieza bioenergética:** Este proceso consiste en limpiar la energía gastada o enferma que puede bloquear la actividad de los órganos o emociones.

❏ **Energización:** La proyección de bioenergía de varias intensidades acelera el proceso de autosanación y permite, por ejemplo, la posibilidad de desinflamar o desintoxicar diversos órganos.

❏ **Dar instrucciones a las células:** Las células del organismo pueden ser estimuladas si se les dan instrucciones precisas. Algunas son capaces de detectar cualquier anomalía en las funciones que realizan en el organismo. Otras conocen perfectamente sus funciones y las ejecutan automáticamente sin equivocarse, como si estuvieran dotadas de una memoria interna.

La radiestesia analítica, empleada como un auxiliar del diagnóstico convencional puede ayudar a encontrar la causa del problema y el lugar en que se esconde. Y es que resulta posible investigar las condiciones previas de una enfermedad y localizar un problema antes de que aparezca bajo la forma de un síntoma físico, por lo que es posible deducir entonces que la radiestesia puede ser empleada como medicina preventiva.

La radiestesia no es más que tener una cierta sensibilidad a la resonancia, esto es, a las vibraciones o emisiones de diferentes longitudes de onda. En el campo de la medicina, la radiestesia se emplea pues, para hallar el medicamento correcto para un paciente de acuerdo con una dolencia determinada.

David Tansley y los chakras

Un radiestesista que aunó las antiguas técnicas con las modernas fue David Tansley, que desarrolló su labor durante los años setenta y ochenta en Inglaterra.

Tansley diseñó sistemas capaces de diagnosticar enfermedades físicas en el cuerpo y de analizar cuantitativamente los niveles de energía de los chakras. También fue capaz de determinar el estado energético de los cuerpos etéreo, astral, emocional y espiritual de un paciente. Gracias a su labor, la tecnología actual de la radiestesia es una de las pocas herramientas que permiten cuantificar el estado funcional de los componentes esotéricos de la anatomía humana multidimensional.

En este sistema, los niveles de actividad y de eficiencia de los centros individuales se combinan para dar un novel global de la vitalidad del cuerpo y la mente del paciente.

Se puede emplear una muestra del sujeto, un cabello por ejemplo, y a partir de ahí contar el número de rotaciones del péndulo.

El diagnóstico se realiza de la siguiente manera: cada vez que el péndulo gira en el sentido horario, tendremos una respuesta afirmativa. Y si gira en sentido contrario a las agujas del reloj, será una respuesta negativa. Con una plantilla anatómica se iniciará el diagnóstico. Habrá, pues, que verificar los siete centros básicos de energía que son los chakras, sabiendo que cada uno de ellos corresponde a una glándula y esta glándula a los órganos:

❏ **Chakra coronario:** Se sitúa en lo alto de la cabeza y no corresponde a nuestra parte física, está relacionado con la parte mental y espiritual. Cuando está cerrado, probablemente la entrada de la energía está produciéndose a través de la nuca o la frente y necesita un análisis más profundo;

❏ **Chakra frontal:** Está localizado entre las cejas, es responsable por la energía de los ojos, oídos y cráneo;

❏ **Chakra laríngeo:** Está localizado en el centro de la garganta, siendo responsable por la energía de la parte inferior de la cara hasta la nariz, aparato respiratorio, tiroides y paratiroides;

❏ **Chakra cardíaco:** Se localiza a la altura del corazón y se relaciona con la glándula timo, corazón, torrente sanguíneo y es responsable por la vitalidad del cuerpo;

❏ **Chakra plexo solar:** Está localizado a la altura del estómago y tiene conexión directa con cinco órganos: estómago, hígado, vesícula, bazo y páncreas;

❏ **Chakra umbilical:** Localizado dos dedos más abajo del ombligo, corresponde al aparato urinario (riñones, uretra, vejiga y uréter) y a los intestinos;

❏ **Chakra básico:** Se localiza en la base de la columna vertebral y está ligado directamente a los órganos reproductores, masculinos y femeninos.

Los efectos de la radiestesia sobre la salud

La radiestesia puede impactar el cuerpo humano en muchos campos de la salud:

- **Alineación de chakras:** Regular la activad de cada uno de los chakras.

- **Desbloqueo de meridianos:** Restablecer el flujo normal de la actividad energética.

- **Limpiezas energéticas:** Limpiar la energía negativa o gastada en órganos.

- **Energización:** Estimular la actividad de algún órgano que servirá para sanar.

La radiestesia y la homeopatía

En la homeopatía la radiestesia es fundamental. No hay que olvidar que la elección de medicamentos homeopáticos se realiza por semejanza. Encontrar de inmediato la semejanza que se necesita facilita el tratamiento y acorta el tiempo de curación.

En la homeopatía no hay receta o medicamento que imponer: la elección terapéutica se realiza de manera individualizada, lo que significa que habrá que escoger un tratamiento entre muchos y que corresponda al conjunto de los síntomas presentados.

En el tratamiento homeopático se percibe la intensificación o resurgimiento de los síntomas. Un agravamiento leve significa que el tratamiento escogido es el correcto y que el organismo está reaccionando. La radiestesia, en ese sentido, puede ser de gran ayuda.

En homeopatía el paciente es considerado como una unidad y no como un conjunto de fragmentos fisiológicos o bioquímicos. Más que emplear drogas para oponerse a los síntomas aparentes, que es lo que realiza la medicina alopática, el tratamiento suele consistir en una sustancia en dosis infinitesimales.

En el diagnóstico homeopático es preciso hallar el «similium», la sustancia cuya acción alopática sobre un sujeto sano produciría síntomas semejantes a los del paciente.

La radiestesia comprueba la descripción de los síntomas dados por este y trata de encontrar, siguiendo una lista y con la ayuda del péndulo, cuál es el remedio más adecuado, además de determinar la potencia y la dosis correcta remedio para ese paciente. Hay que tener presente en todo momento que los remedios de la potencia son tan peligrosos como unas grandes dosis de drogas convencionales: jamás han de ser prescritos sin previa comprobación de que la potencia es correcta y segura.

El diagnóstico se refiere siempre a la condición del paciente en el momento en que aquel se realiza, por lo que el remedio o la serie de dosis han de ser ingeridos tan pronto como sea posible. Puesto que la condición del paciente cambia, el remedio puede resultar caducado e incluso ser nocivo si se demora demasiado su toma. Por la misma razón, el remedio ha de ser modificado a medida que cambia la situación y los síntomas del enfermo hasta llegar a una situación saludable y estable. Una mala elección de las medicinas y una falta de cooperación por parte del paciente pueden llevar a una situación en la que el paciente pase de un problema a otro sin alcanzar jamás un buen estado de salud.

Todas las disciplinas médicas, desde la homeopatía a la acupuntura pueden beneficiarse de la radiestesia. En cualquier caso, la radiestesia médica puede ser un excelente método de diagnóstico. Y también puede ser una técnica de curación y prevención. La radiestesia permite:

❏ Seleccionar el tipo de disciplina terapéutica, de remedio o régimen alimenticio que aplicar en la mayoría de enfermedades corrientes;

❏ Descubrir las causas de las alergias que no pueden explicarse por los medios habituales;

❏ Hallar el origen psicológico de las enfermedades psicosomáticas;

❏ Reaccionar eficazmente en caso de urgencia;

❏ Trabajar enérgicamente con los nudos psicomusculares.

Buena parte del trabajo puede efectuarse con diversos tipos de diagramas. En cualquier caso, es importante la conexión del subconsciente con aquello que se desea averiguar para que el péndulo reaccione positivamente.

Uso de láminas anatómicas

El cuerpo humano puede representarse mediante láminas anatómicas. Allí pueden observarse el lugar de los órganos, el sistema sanguíneo, el sistema muscular o los huesos de un esqueleto humano. También hay láminas que presentan la sección de una articulación, de un órgano, de la epidermis, etc. Otras indican los meridianos y los puntos de acupuntura. Cada forma de medicina natural posee sus propias láminas establecidas en función de sus necesidades.

En determinados casos el radiestesista utiliza láminas más especializadas. Así, en terapias de tipo energético, una lámina que muestre los meridianos de energía permitirá diagnosticar el lugar en el que la energía se bloquea.

Los diagramas ofrecen una mayor precisión y rapidez a la hora de diagnosticar una enfermedad. Además, también pueden ofrecer el mejor remedio.

También es posible practicar la radiestesia médica a distancia, esto es, con el paciente alejado. Aunque, en estos casos, es preferible poseer un testigo, una fotografía, por ejemplo, aunque también puede valer una muestra de su cabello. Y, en estos casos, estar muy atento a los movimientos del péndulo. Sus diversas reacciones pueden aportar todo tipo de indicaciones muy útiles.

Radiestesia y flores de Bach

Las flores de Bach, llamadas también remedios florales o esencias florales de Bach, forman parte de las medicinas alternativas. Son un total 38 preparados, elaborados a partir de la maceración en agua o decocción de diversas flores o especies vegetales recolectadas en la región de Gales (Reino Unido). Para ello, el creador de esta terapia floral, el Dr. Bach, recolectaba las flores y las depositaba en un bol de vidrio lleno de agua de manantial, y las dejaba macerar al sol hasta que las plantas se marchitaban entre una y varias horas. Al líquido obtenido se le denomina tintura madre. En las épocas en que el sol no calentaba lo suficiente sometía las flores a una ligera decocción. Intuía que de ambas formas podía captar la energía y propiedades acumuladas en las flores.

En total se emplean 38 remedios homeopáticos y su diagnóstico y prescripción son muy similares a los de la homeopatía.

El radiestesista memoriza cada esencia floral y emplea una gráfica con una escala que va del 0 al 10. A continuación conecta mentalmente con el inconsciente de la persona en cuestión, ya sea directamente o bien a través de una fotografía. Entonces pregunta si la persona precisa de un remedio floral. En caso de respuesta afirmativa, el radiestesista preguntará qué esencia o esencias necesita y en qué cantidad.

La medicina herbaria tradicional se basa en algunas observaciones extremadamente sagaces. La radiestesia analítica puede ser de gran utilidad en este campo. Recorra la lista de hierbas que parezcan adecuadas con la ayuda de un péndulo hasta encontrar un ejemplar o una combinación particularmente indicada para ese paciente y ese problema.

Radiestesia y acupuntura

La acupuntura (del latín *acus,* aguja, y *pungere* que significa punción) es una técnica que forma parte de la Medicina Tradicional China. Consiste en la inserción y la manipulación de agujas en el cuerpo con el objetivo de restaurar la salud y el bienestar en el paciente. Aparte de insertar las agujas de acupuntura y rotarlas para tonificar o dispersar, los acupuntores también utilizan las moxas. La técnica más extendida es un puro o cono de artemisa que se enciende para calentar el punto o bien se corta un trozo y se coloca en el mango de la aguja, dejando que se consuma totalmente. Los acupuntores utilizan ampliamente esta técnica para el tratamiento del dolor.

Su principio básico es simple: la alteración temporal de la corriente de un meridiano por medio de la inserción de una delgada aguja en un punto determinado. El acupuntor ha de distinguir seis pulsos en la muñeca, además del pulso tradicional. Por tanto, la persona no experimentada corre el riesgo de insertar la aguja en el meridiano no adecuado, por lo que los resultados pueden no ser los esperados.

La radiestesia puede ayudar mucho en este campo, ya que con un entrenamiento adecuado se pueden detectar los puntos en los que insertar las agujas con toda precisión.

No en vano la radiestesia tiene mucho de una forma de acupuntura de la tierra, que puede localizar corrientes subterráneas de agua que pueden ser perjudiciales para el ser humano: en las personas pueden causar trastornos que van de la artritis a la poliomielitis, de la migraña a la neumonía. El buen radiestesista puede localizar corrientes de agua bajo la cama de un paciente, en su lugar de trabajo, en la cocina o en cualquier otro sitio en el que pase muchas horas. El efecto nocivo de una corriente puede ser reducido o neutralizado pintando de azul alguna superficie situada sobre ella o bien clavando varillas o pequeñas estacas sobre la misma corriente o a un costado de la misma. Utilice un péndulo para establecer cuál es la cura más adecuada o para encontrar el color correcto de pintura o el material más conveniente para los clavos o varillas. Después ha de encontrar el mejor lugar o lugares para aplicar el tratamiento, para lo cual puede utilizar las técnicas posicionales corrientes y cualquier instrumento.

La medicina radiónica

La radiónica utiliza la radiestesia y unos aparatos que equilibran la energía vital, siendo un excelente método de terapia y de diagnóstico a distancia.

Fue creada por Albert Abrams en el año 1900 y apoyada por una serie de aparatos llamados dinamizadores e ideados por él mismo que restituían las frecuencias correctas. Según Abrams, todos los seres vivos se hallan rodeados por el campo electromagnético del planeta, pero además, cada ser vivo posee su propio campo electromagnético que, si se desequilibra, produce la enfermedad e incluso la muerte.

En ese sentido, la radiónica puede tratar los problemas físicos en general, pero también puede sanar los aspectos emocionales. También puede mejorar la consecución de objetivos, puede favorecer la superación personal o el desarrollo de capacidades para la realización de alguna actividad.

La radiestesia permite encontrar las frecuencias inadecuadas en partes del cuerpo que aun no han presentado síntomas. También permite que los actos inconscientes perjudiciales salgan a la conciencia para eliminarlo.

Albert Abrams

Albert Abrams nació en San Francisco el 5 de diciembre de 1863 y murió en su ciudad natal en 1924. Hijo de una acomodada familia judía, fue enviado a estudiar medicina de adolescente al Colegio Médico de San Francisco, terminando sus estudios con apenas 18 años.

En sus trabajos desarrolla la teoría eléctrica de los reflejos y como la radiación humana puede ser conducida y empleada para diagnosticar, llamada por él «electrodiagnóstico».

Abrams creía que el ser humano estaba expuesto continuamente a radiaciones de la tierra y del Universo en general, que no le afectaban si el individuo se encontraba en resonancia con ellas; el problema era la vibración en desarmonía. Consideraba que los componentes protoplasmáticos de los tejidos actuaban como detectores naturales de energía, lo que para él era patente en los reflejos que se apreciaban en las vísceras.

Pronosticar el tiempo

Pronosticar con precisión el tiempo resulta crucial si tiene tareas que desempeñar al aire libre, como pintar, barnizar o, simplemente, tender la ropa. Pero, ¿cómo utilizar la radiestesia para predecir el tiempo?

Es fácil pronosticar el tiempo con la ayuda de la radiestesia. Verificar las predicciones para unos días o unas horas le servirá al zahorí para planificar sus trabajos.

En cualquier caso, las preguntas deben plantearse con precisión. No se puede preguntar de manera ambigua «¿qué tiempo hará mañana?», ya que a menudo el cielo cambia con suma rapidez. Hay que hacer preguntas más concretas, del tipo: «¿El cielo permanecerá estable a lo largo del día?».

Si la respuesta es afirmativa, entonces formula pregunta: «¿Hará buen tiempo a lo largo del día?». En cambio, si responde negativamente a esta pregunta, divida el día en tres partes:

- «¿Hará buen día por la mañana cuando me levante?»
- «¿Hará buen día hacia mediodía?»
- «¿Hará buen día por la tarde?»

Para saber la temperatura, será necesaria la misma predicción y hacer preguntas específicas, del tipo: «¿Será estable la temperatura en el transcurso del día?» O bien, «¿la temperatura a mediodía estará entre los 20° y los 25°?».

Mediante la radiestesia también podrá evaluar el grado de humedad, el número de precipitaciones o la velocidad del viento.

Si se desea saber la temperatura y el tiempo en general en un lugar al que debe viajar próximamente, puede acudir a la telerradiestesia y con un mapa detallado. Delimite con un trazo grueso la región que le interesa y conecte su mente con esa región antes de empezar a plantear diversas preguntas.

Pero si desea ser más preciso en sus predicciones meteorológicas, diseñe diagramas con todas las indicaciones sobre las horas de sol, el estado del mar, la nubosidad o el tipo de precipitaciones que se pueden esperar en una región determinada. Seguidamente, utilice una regla o diagrama numérico para responder a preguntas del tipo:

- ¿Cuál será la temperatura mínima?
- ¿Cuál será la temperatura máxima?
- ¿Cuál será la velocidad del viento?
- ¿Qué nivel de precipitaciones habrá?

Utilice siempre la radiestesia para precisar o confirmar sus observaciones o para predecir el tiempo con una o varias semanas de antelación. Pero no deje de observar siempre la naturaleza, de leer el cielo constantemente para aprender el lenguaje de las nubes y todos sus matices.

Las claves para ser un buen radiestesista

Hay personas que logran ser excelentes radiestesistas gracias a su dedicación y trabajo. Otros, poseen un magnífico potencial que no acaban de explotar. En cualquier caso, hay que tener en cuenta una serie de normas fundamentales.

❏ **Consigue ser un buen radiestesista aquel que olvida que practica la radiestesia:** Esto significa que en la práctica hay que olvidarse de uno mismo ya que la actividad radiestésica no es más que el instrumento del subconsciente, que es quien en definitiva realiza el trabajo. Durante los primeros ensayos realizados con éxito, el cerebro experimenta un nuevo e intenso placer ligado a una sensación de poder. Poco a poco el radiestesista se identifica cada vez más a ese poder y a la nueva imagen de uno mismo.

Cuando realice experimentos en público, hágalo de una manera lúdica, con la intención de divertirse y mostrándoles a los demás las posibilidades del péndulo.

❏ **No tema los estados de alteración:** Es normal que un estado de conciencia excepcional le permita tener acceso a su subconsciente. Y es que la radiestesia le permitirá descubrir dimensiones desconocidas de su mente. Los más experimentados pasan por toda una gama de estados mentales y físicos desconocidos por la mayoría de personas. En una prospección radiestésica, algunos zahoríes salen agotados, otros atravesados por corrientes de energía que parecen surgir del subsuelo. En cualquier caso, la vara o el péndulo parece moverse por una fuerza que parece ajena a quien la sostiene.

❏ **El proceso de aprendizaje es lento:** Si la capacidad radiestésica se intenta desarrollar demasiado rápido y sin una cierta adaptación de la personalidad, siempre existe la posibilidad de que esta padezca un grave desequilibrio. Si tiene la impresión de que su evolución en radiestesia es un poco lenta, vea cómo su mente y su cuerpo se adaptan progresivamente a una nueva forma de pensar.

❏ **Superar una etapa vacía:** En radiestesia hay etapas vacías en las que no ocurre nada. Son momentos en los que asalta una sensación de vacío mental, en las que parece faltar el pensamiento intuitivo y en el que los residuos psíquicos, los viejos mecanismos mentales, deben disolverse. Durante estos momentos tiene lugar una labor de purificación mental que purga y afina la intuición radiestésica. En esos momentos se trata de continuar practicando ejercicios simples sin esperar ningún tipo de resultado y afinando la intuición radiestésica.

❏ **La vara produce ciertas reacciones musculares:** El péndulo no tiene la misma libertad de movimientos en todas las direcciones. El péndulo tenderá mecánicamente a realizar más movimientos que otros, y por tanto pueden falsear los resultados. Encuentre la posición perfecta en la que el péndulo pueda moverse con la misma facilidad en cualquier dirección.

❏ **Establecer una convención mental:** Educar el reflejo radiestésico es una de las grandes claves de este arte. Es importante que, la gente que empieza a trabajar la radiestesia, verifique las reacciones del péndulo con preguntas simples que requieran una fácil comprobación. Más adelante, puede ir introduciendo diversos matices a las preguntas que vaya a realizar. El radiestesista debe establecer una convención mental a la hora de realizar las preguntas y ha de mantener esa convención de por vida, sin variarla.

❏ **Las convenciones mentales han de ser lo más simples posibles:** Muchos radiestesistas adoptan todo tipo de principios de apariencia racional, pero que hacen el trabajo mucho más complicado. Transforman una simple convención mental en una ley científica. Por tanto, se recomienda simplificar al máximo las convenciones mentales y jamás intentar justificarlas.

❏ **Desarrollar conocimientos mentales en el ámbito de la especialidad radiestésica escogida:** Hay personas que orientan su actividad hacia determinadas especialidades, como la minería, la medicina, la búsqueda de tesoros, etc. Por tanto, todo lo que sepa sobre geología, hidrología o medicina estructurará su subconsciente. Sus conocimientos técnicos le permitirán actuar con mayor precisión al conocer la verdadera naturaleza de los fenómenos físicos implicados.

❏ **Nunca dejar de ejercitar la observación y la intuición:** Es importante agudizar los sentidos en todos los niveles, ya que el sexto sentido descansa sobre la práctica. La facultad intuitiva es una parte fundamental del entrenamiento radiestésico, ya que el zahorí debe entender su técnica como un arte de vivir basado en una percepción más sutil de la realidad.

❏ **Entrenarse una y otra vez para distinguir entre razón e intuición:** En ocasiones podemos confundir ciertos razonamientos mentales con intuiciones. La razón pone en orden los hechos para llegar a una solución lógica. Sin embargo no se puede ir más allá de los hechos conocidos. Las técnicas de meditación y observación mental son indispensables para distinguir la fuente de las intuiciones y la de los razonamientos.

❏ **Evite hacer demostraciones inútiles:** Muchos escépticos tratarán de que demuestre sus capacidades en cualquier lugar y circunstancia. Muchas veces eso significará malgastar el tiempo y la energía. Quienes sienten la necesidad de demostrar su poder ante el menor desafío no está verdaderamente capacitado para ejercer su labor de manera profesional.

❏ **La radiestesia no solo tiene una recompensa económica:** Hay que considerar la capacidad radiestésica como un don espiritual y no ha de someterse a la dictadura del dinero. Un trabajo eficaz solo es posible si existe una cierta empatía por el trabajo que se ha de realizar. La necesidad de ayudar ha de ser siempre más poderosa que la de ganar dinero. Aunque no por ello se ha de dejar de incorporar un salario al trabajo que se ha de realizar. Trabajar de manera altruista de vez en cuando le permitirá recuperar los fundamentos de la radiestesia.

Bibliografía

Bacler, Käthe, *Radiestesia e Saúde*, Cultrix, São Paulo, 1989.

Bardet, Jean-Gaston, *Mystiques et Magies*, La Pensée Universelle, París 1974.

Bennett, J. G., *Radiations and Emanations*, Coombe Springs Press, North Yorkshire, 1971.

Bersez, Jacques et A. Masson, *Initiations aux Ondes de Forme: la Médecine d'Asklepios*, Editions Jacques Bersez, Villeneuvesur-Bellot, 1978.

Bird, Christopher, *La Main Divinatoire*, Robert Laffont, París, 1981.

Bueno, Mariano, *Vivir en Casa Sana*, Martínez Roca, Barcelona 1988.

Chaumery, Léon et André de Bélizal, *Essai de Radiesthésie Vibratoire*, Desforges, Paris, 1976.

Chaumery, Léon et André de Bélizal, *Phisique Micro-Vibratoire et Forces Invisibles*, Desforges, Paris, 1976.

Cooper-Hunt, Major C. I., *Radiesthetic Analysis*, The Pendulum, California, 1969.

Davidson, John, *Energía Sutil*, Pensamento, São Paulo, 1992.

Degueldre, Gilbert, *La Radiesthésie Cet Instinct Original*, Degueldre Editeur, Verviers, 1983.

Doczi, György, *O Poder dos Limites*, Mercuryo, São Paulo, 1990.

Eitel, J. Ernest, *Feng-Shui*, Ground Editora, São Paulo, 1985.

Enel, *Radiations de Forme et Cancer*, Editions Dangles, París, 1959.

Foye, Jean de La, *Ondas de Vida Ondas de Morte*, Edições Siciliano, São Paulo, 1991.

Gesta, Dr. Adrien, *Radiestesia Médica*, Ediciones Índigo, Barcelona, 1989.

Gonçalves, Neuci da Cunha, *Radiestesia hoje*, Editora Francisco Waldomiro Lorens, São Paulo, 1996.

Goulart, Virgílio, *A Radiestesia em 6 Lições Práticas*, Edição do autor, São Paulo, 1941.

Graves, Tom, *Radiestesia Práctica*, Martínez Roca, Barcelona, 1976.

Herrinckx, W., Servranx. *Initiation à la Radiesthésie Médicale*, Editions Jacques Bersez, Paris, 1978.

Hill, Ann, *Guia das Medicinas Alternativas*, Hemus, São Paulo, 1990.

Jonckheere, Paul, *La Radiesthésie Psychique*, Editions H. Hubert, Paris, 1947.

Lafforest, Roger de La, *A Magia das Energias*, Edições Siciliano, São Paulo, 1991.

Lafforest, Roger de La, *Casas que Matam*, Ground, São Paulo, 1986.

Lakhovsky, Georges, *The Secret of Life*, True Health Publishing Co., Stockwell, 1951.

Lawlor, Robert, *Geometria Sagrada*, Edições Dei Prado, Madrid, 1996.

Maya, Jacques La, *Medicina da Habitação*, Roka, São Paulo, 1995.

Mermet, Abbé, *Comment J'Opere...*, Maison de La Radiesthésie, París, 1935.

Merz, Blanche, *Pirámides, Catedrales y monasterios*, Martínez Roca, Barcelona, 1987.

Moine, Michel, *La Radiestesia*, Martínez Roca, Barcelona, 1974.

Nelson, Dee Jaye David H. Coville, *A Força da Vida nas Grandes Pirâmides*, Record, Rio de Janeiro, 1990.

Pagot, Jean, *Radiesthésie et émissions de Forme*, Edição do Autor, Gif-sur-Yvette, 1988.

Palhoto, Prof. F. M., *Tratado de Biorradiestesia*, A. W. Porpilio, Osasco, 1967.

Pencréach, Roger, *Vers Une Radiesthésie du 3 Eme Millenaire*, Desforges, París, 1986.

Pochan, André, *O Enigma da Grande Pirâmide*, Difel, Rio de Janeiro, 1977.

Rémi, Alexandre, *Votre lit est-il à la Bonne Place ?*, Editions La Rochelle, París, 1985.

Reyner, J. H., *Psionic Medicine*, Routledge & Kegan Paul, London, 1982.

Rocard, Yves, *Le Pendyule Explorateur*, Editions ERG, Maurecourt, 1983.

Rosgnilk, Vladimir, *L'Emergence de L'Enel ou L'Immergence des Repères*, 3 volúmenes, Fondation Ark'all, Orsay, 1988.

Saevarius, Dr. E., *Manual Teórico e Prático de Radiestesia*, Pensamento, São Paulo, 1992.

Servranx, F. et W., *Matérialisations Radiesthésiques*, Faire Savoire, Viels-Maison, 1987.

Tansley, David, *La radiónica y la anatomia sutil del hombre*, Editorial Sirio, Málaga, 1987.

Tansley, David, *The Raiment of Light*, Arkana, England, 1983.

Tressel, Pierre, *La Pratique de la Radiesthésie*, Editions Alsatia, París, 1965.

Turenne, Louis, *De la Baguette de Coudrier aux Detecteurs du Prospecteur*, Librairie Polytechnique Ch. Béranger, París, 1934.

Westlake, Aubrey T., *The Pattern of Health*, Element Books Ltd. Dorset, 1985.

En la misma colección:

AROMATERAPIA
Cloé Béringer

Este libro es una invitación para adentrarse en el mundo de las esencias naturales que se extraen a través de las plantas. Cuando todo a nuestro alrededor transcurre muy rápido, cuando el entorno se vuelve cada día más exigente, parece obligado tomar un respiro y abandonarse a un tratamiento natural como este para restablecer nuestro equilibrio y armonía. Con la lectura de esta guía el lector conocerá las propiedades (analgésicas, antibióticas, antisépticas, sedantes, expectorantes o diuréticas) de cada una de las diferentes plantas de las que se pueden extraer los aceites esenciales y los beneficios físicos y psicológicos que se pueden derivar.

AYURVEDA
Thérèse Bernard

El método de salud más antiguo del mundo. Así es como se define el ayurveda. Desarrollado en la India hace ya más de 6.000 años, su nombre significa "conocimiento o ciencia de la vida". En efecto, se trata de crear equilibrio y fortalecer al tiempo las capacidades curativas del cuerpo humano. Su modo de abordar la salud desde un punto de vista holístico, esto es, integral, lo convierte en un método diagnóstico que tiene en cuenta todos los aspectos de la vida de una persona. Este libro es una introducción a la ciencia ayurvédica que le ayudará a desarrollar una mayor sensibilidad hacia su cuerpo, entendiendo la enfermedad pero también su origen. De modo que pueda conocer los aspectos físicos, psicológicos y espirituales de cada patología.

RELAJACIÓN
Lucile Favre

La relajación es un estado natural que nos proporciona un descanso profundo a la vez que regula nuestro metabolismo y nuestra tensión arterial. Pero llegar a ese estado es difícil debido al ritmo de vida al que nos vemos sometidos. Las técnicas de relajación liberan nuestras tensiones, tanto musculares como psíquicas, facilitan el equilibrio y nos proporcionan paz interior. Llegar a ese estado de bienestar y tranquilidad requiere tiempo y una cierta práctica. e ahí que este libro combine la exposición de los principales métodos contrastados para relajarse con una serie de ejercicios muy útiles que pueden conducirte a esa calma tan deseada.

FLORES DE BACH
Geraldine Morrison

¿Sabía que los desequilibrios emocionales pueden tratarse con esencias florales? Son las llamadas Flores de Bach, un conjunto de 38 preparados artesanales elaborados a partir de la decocción o maceración de flores maduras de distintas especies vegetales silvestres. En efecto, emociones y sentimientos como la soledad, la timidez, la angustia, la intolerancia o el miedo pueden combatirse cuando perturban nuestro ritmo diario y trastocan nuestro equilibrio. Este libro reúne los conceptos fundamentales del sistema terapéutico ideado por Edward Bach con la finalidad de que cualquier persona pueda recuperar la armonía del cuerpo y de la mente a favor de un mayor bienestar.

PILATES
Sarah Woodward

Experimenta un nuevo estilo de vida y una nueva manera de pensar con el método Pilates, sin duda algo más que una serie de ejercicios físicos. Tal y como lo define su creador, Joseph Pilates, «es la ciencia y el arte de desarrollar la mente, el cuerpo y el espíritu de una manera coordinada a través de movimientos naturales bajo el estricto control de la voluntad». El método Pilates propone otra forma de realizar el trabajo muscular, dando un mayor protagonismo a la resistencia, la flexibilidad y el control postural. La mayoría de ejercicios se realizan mediante una serie de movimientos suaves y lentos que se consiguen a través del control de la respiración y la correcta alineación del cuerpo.

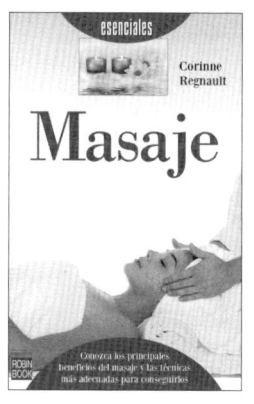

MASAJE
Corinne Regnault

Entre otros beneficios, el masaje facilita la eliminación de toxinas, activa la circulación sanguínea y linfática y mejora el aporte de oxígeno a los tejidos. También es útil para aliviar el estrés y estados de ánimo negativos, pues estimula la producción orgánica de endorfinas. Es, posiblemente, una de las herramientas terapéuticas más antiguas que ha empleado el ser humano para tratar estados de dolor. Y tradicionalmente se ha utilizado para aliviar o hacer desaparecer las contracturas y la tensión muscular. Este libro es un manual de uso básico que repasa los principales métodos utilizados para realizar un buen masaje y explica de manera muy práctica los pasos a seguir para realizarlo.

Colección Esenciales:

Los puntos que curan - *Susan Wei*
Los chakras - *Helen Moore*
Grafología - *Helena Galiana*
El yoga curativo - *Iris White y Roger Colson*
Medicina china práctica - *Susan Wei*
Reiki - *Rose Neuman*
Mandalas - *Peter Redlock*
Kundalini yoga - *Ranjiv Nell*
Curación con la energía - *Nicole Looper*
Reflexología - *Kay Birdwhistle*
El poder curativo de los colores - *Alan Sloan*
Tantra - *Fei Wang*
Tai Chi - *Zhang Yutang*
PNL - *Clara Redford*
Ho' oponopono - *Inhoa Makani*
Feng Shui - *Angelina Shepard*
Flores de Bach - *Geraldine Morrison*
Pilates - *Sarah Woodward*
Relajación - *Lucile Favre*
Masaje - *Corinne Regnault*
Aromaterapia - *Cloé Béringer*
Ayurveda - *Thérèse Bernard*
Plantas Medicinales - *Frédéric Clery*
Bioenergética - *Eva Dunn*
El poder curativo de los cristales - *Eric Fourneau*
Hidroterapia - *Sébastien Hinault*
Stretching - *Béatrice Lassarre*
Zen - *Hikari Kiyoshi*
Remedios naturales para la mujer - *Nina Thompson*
Aceites Esenciales - *Julianne Dufort*